项羽

威震诸侯的西楚霸王

宿巍 著

辽宁人民出版社

© 宿巍 2025

图书在版编目（CIP）数据

项羽：威震诸侯的西楚霸王 / 宿巍著. -- 沈阳：辽宁人民出版社，2025.6. -- ISBN 978-7-205-11502-9

Ⅰ．K827=341

中国国家版本馆 CIP 数据核字第 202574EV91 号

出版发行：辽宁人民出版社
地址：沈阳市和平区十一纬路 25 号　邮编：110003
电话：024-23284191（发行部）　024-23284304（办公室）
http://www.lnpph.com.cn

| 印　　刷：河北朗祥印刷有限公司
| 幅面尺寸：145mm×210mm
| 印　　张：6.75
| 字　　数：139 千字
| 出版时间：2025 年 6 月第 1 版
| 印刷时间：2025 年 6 月第 1 次印刷
| 责任编辑：赵维宁　姚　远
| 封面设计：乐　翁
| 版式设计：一诺设计
| 责任校对：吴艳杰
| 书　　号：ISBN 978-7-205-11502-9
| 定　　价：39.80 元

序　言

项羽，名籍，字羽，楚国大将项燕之孙。项氏世为楚将。及至秦并六国，秦军所向披靡，惟遇楚而大败，最终秦将王翦以六十万倾国之兵击败项燕，楚亡。项羽随叔父项梁逃亡江东避祸。国破家亡，流落他乡，使项羽对秦国充满刻骨仇恨。秦始皇巡游会稽，项羽叔侄目睹其威仪之盛。胸怀壮志的项羽当即对叔父项梁说，彼可取而代之。

当大泽乡陈胜起义的消息传到江东，项羽叔侄立即起兵响应，杀郡守，据会稽，招募八千江东子弟北上。项梁拥立楚怀王之孙熊心为王，楚国复国。但在定陶之战中，项梁被章邯击败，兵败身亡。楚怀王熊心趁机夺权，削夺项羽兵权。身处逆境的项羽隐藏锋芒伺机而动，终于在北上救赵的途中抓住机会，杀宋义，夺军权。之后，在各诸侯国畏惧秦军皆作壁上观时，项羽率楚军破釜沉舟背水一战，围歼王离，击败章邯，巨鹿之战，一战成名，令诸侯为之侧目。之后，项羽逼降章邯，率军入关，又于鸿门宴上从刘邦手中夺过关中，于戏下大封诸侯。项羽自封为西楚霸王。

被贬到汉中的刘邦，趁项羽东归之际，暗度陈仓，重返关中。又利用项羽东征齐国，率诸侯军趁虚而入突袭彭城，楚汉战争由此而起。项羽率三万骑兵回师南下，大败刘邦的五十六万诸侯联军。然而，项羽为将虽勇，为帅则不懂择贤才而用的道理，致使韩信、陈平先后出走，英布与其生出嫌隙。

此后数年，项羽与刘邦对峙于荥阳、成皋一线。项羽面对刘邦虽屡战屡胜，却陷入张良为刘邦谋划的下邑之谋的战略困局之中，北有韩信，南有英布，东有彭越，西与刘邦对峙，东南西北四面皆敌。

待韩信平魏伐赵定齐之后，项羽已陷入刘邦、韩信的前后夹击之中，败局已定。项羽与刘邦鸿沟罢兵，急速东归，然而，为时已晚，楚地已尽为韩信所得。项羽兵败被围于垓下，四面皆是楚歌，十面都有埋伏。

四面楚歌，军心已乱。十面埋伏，插翅难逃。最终，西楚霸王项羽在人生的最后时刻，自刎乌江。一代传奇，西楚霸王就此悲壮落幕。

目　录

序　言　001

世代楚将　将门之后——取而代之　001

起兵会稽　渡江北上——先发制人　017

破釜沉舟　背水一战——巨鹿之战　051

军事威逼　政治诱降——收服章邯　069

项庄舞剑　意在沛公——鸿门之宴　089

戏下分封　大封诸侯——西楚霸王　111

千里奔袭　闪击刘邦——大战彭城　127

围攻荥阳　对峙成皋——楚汉相持　155

东击彭越　西失成皋——鸿沟之约　175

十面埋伏　四面楚歌——垓下之战　203

世代楚将　将门之后——取而代之

说起战国，人们首先想到的是七雄并立，彼此混战，相互攻杀，七国之间合纵连横，尔虞我诈。在这场长达数百年的兼并战争中，有的国家始终是各方瞩目的焦点，如楚国、齐国；有的国家虽前期备受冷遇，但后期变法图强迅速崛起，如秦国；韩、赵、魏三家分晋，虽国力强弱不同，但因地处中原四战之地，也几乎全程被卷入诸侯混战。

只有燕国，因其地处偏僻，远离中原，除去与齐、赵两国偶有交集，大部分时间都刷不到存在感。

然而，就是这个七雄中最缺乏存在感、几乎被边缘化的燕国，却成为推动战国战略格局发生根本性改变的国家。

因为燕国在燕昭王在位时期干了一件大事，那就是以举国之力起倾国之兵大举伐齐。

燕国虽为战国七雄之一，却是七国之中国力最弱的。单凭燕国自己是很难撼动强大的齐国的。燕国当然也深知这一点，因而，他们遣使四出，联络其他国家一起攻齐。此举立刻得到秦、韩、赵、魏的积极响应。于是，五国组成联军大举攻齐，这就是历史上著名的五国伐齐，五国伐齐成为战国时期真正的转折点。维系战国七雄平衡的格局在此之后被打破。

首先破坏战国战略平衡的国家是齐国，因为齐国吞并了素有膏腴之地之称的富庶的宋国，国力迅速增强，从而对各国形成直接威胁，加上齐国在此前后四处扩张，对秦、楚以及三晋的韩、赵、魏都一视同仁大打出手，四面树敌，在扩大地盘的同时也将各国都得罪了。

齐国率韩、魏攻秦，迫使秦国退还部分土地给韩、魏。齐国攻楚，夺取楚国淮泗大片土地。最重要的是，齐国之前趁燕国内乱，趁火打劫，令其差点亡国。这也是齐国招人记恨的原因。因而，燕国的提议一经提出，就得到秦与韩、赵、魏的积极响应。五国联合出兵，对齐国群起而攻之。

齐国虽强，但也扛不住五国围攻，于是便向南方的大国楚国求救。楚国在五国伐齐中的表现耐人寻味。它先是答应出兵救齐，但当齐国被五国联军打败，兵败如山倒之时，楚国却见风使舵当即翻脸，也加入对齐国的围攻中，而且还是下手最狠的那个。

齐国的国君齐湣王就是被楚将淖齿所杀，据说死得相当惨。楚国的突然变脸，导致齐国的形势急转直下，原先只有五国伐齐，现增加到六个。因而，五国伐齐，更准确地说是六国伐齐。

齐国再强也抵挡不住六国围攻，七十余城先后被攻占，最惨的时候，仅剩下莒与即墨两城。

后来发生的事情，大家都知道了，田单以火牛阵大败燕兵收复失地，齐国得以复国。

但复国之后的齐国，国力大不如前，从此一蹶不振。齐国的衰败要比赵国早上二十多年。

事实上，五国伐齐在济西之战中击溃齐军主力后，秦与韩、赵、魏见胜即收，并未一味地穷追猛打。在此后数年持续攻略齐国的只有燕国。

可是，燕小而齐大，燕国虽有心吞齐，怎奈实力有限。各国对此心知肚明，正是因为知道燕国吞不下齐国，才放心任由燕军攻齐。各国的心思一致：维护战略平衡。战国能延续两百余年，就在于各诸侯国之间始终维系着战略平衡，不允许有任何一方突然坐大。

但五国伐齐后，战略失衡了，因为齐国衰落。五国伐齐前，齐湣王出兵吞宋国力达到鼎盛，与秦并称东西二帝。虽然齐国主动去除帝号，但齐是有与秦并称为帝的实力的。战后，齐虽复国，但"国际地位"一落千丈，沦落到与燕国同等的待遇，在大国之间再难有存在感。

燕国偏远，齐国衰落，韩国弱小。之后的战国格局变成了强势兴起的秦国与赵、魏、楚三国的对抗。

赵、魏、楚三国从北向南均处在抗秦的第一线，承受着来自西面秦军一轮又一轮的猛烈攻势，虽屡战屡败，但仍屡败屡战。值得一提的是，三国在一线抗秦的同时，并未忘记身后的齐国。

三国在与秦的战争中屡屡受挫，损兵折将，丧师失地，损失惨重。为了弥补对秦战争中的消耗，它们不约而同地想到了齐国。享有鱼盐之利的齐国素来富庶，如今军力却大不如前，这就如同幼子怀金行于闹市，必然引来各方觊觎。

于是，颇为戏剧性的现象出现了。赵、魏、楚三国在积极抗秦的同时，又纷纷举兵伐齐。这个其实也很好理解，西边受到的损失，找东边去补，最终还是齐国承担了所有。

齐国心里苦，可是又能找谁说理去！弱肉强食的时代，菜是原罪。国家之间就是恃强凌弱，如此现实。

曾经的强齐如今已经沦落到被诸侯瓜分的境地。总有人会发出这类疑问：为何秦国的连横屡屡得逞，而六国的合纵却最终失败？齐国就是最好的答案。在现实利益面前，任何国际关系都不可靠。

为何齐国坐视诸侯被秦逐一击破而袖手旁观？因为到战国

后期，特别是秦始皇在位的那些年，齐对赵、魏、楚的仇恨远远大于对秦的仇恨。这也很好理解，齐、秦之间是赵、魏、楚，秦军隔着三晋几乎打不到齐国。但赵、魏、楚三国打齐国却很方便，因为离得近，甚至紧挨着，齐国又那么富庶，自然成为诸侯竞相攻打的目标。

秦军攻打赵、魏、楚的时候，齐军也很想去救援！唇亡齿寒的道理，齐人当然懂。

但齐军还未走出国门，就被强行闯入的赵、魏、楚三国军队暴揍，一次、两次，很多次之后，齐军再看秦军暴打赵、魏、楚时，很难说清楚是该高兴还是该悲伤。想起被赵、魏、楚一次次欺负的场景，再看到赵、魏、楚被秦军毒打，被秦军按在地上摩擦，齐国人可能感受更多的是复仇的快感。

齐国在田单复齐之后，被秦统一之前，接近一半的国土都被赵、魏、楚抢走。即使齐不亡于秦，也迟早会亡于赵、魏、楚三国的蚕食瓜分，这并非危言耸听。

楚国对齐的攻势尤其凶猛，在五国伐齐中都未被攻破的齐国五都之一的莒城，却在齐国复国后被楚军攻占。齐国连沂水河谷也未守住。楚军前锋甚至一度攻至距齐国都城临淄仅百余里的地方。

赵、魏两国在这方面也不遑多让，将济水以西的齐国国土尽数占领。赵国攻占了齐国五都之一的高唐，魏国攻占了齐国五都之一的平陆。赵魏两国的军队，最近时距临淄仅有百余里。对赵、魏、楚三国而言，百余里的距离真的不算远，军队可能一个突击就冲到了。

齐国五都已失其三。照这个失地速度，齐国距亡国也不远了。这时的齐国版图比起地处中原的韩国也大不了多少。国土日蹙，亡国危机近在眼前。要不是秦军在秦始皇掌权后加快统一进度，说不定齐国早已亡于赵、魏、楚三国。

对齐国而言，亡于赵、魏、楚与亡于秦区别不大，甚至亡于秦还强过前者。

齐国在战国最后时期的经历，使其对赵、魏、楚的诸侯产生深深的敌意，并很难再相信它们。

后来，反秦起义，各国都忙于对秦作战，只有齐更在意自己的独立，对反秦不甚上心。项梁攻秦将章邯，叫齐国出兵相助。齐国拒不出兵，结果项梁被章邯突袭，兵败身死。项羽戏下分封。齐国第一个起来反楚，迫使项羽亲自领兵前往齐国镇压。刘邦就是趁这个机会，千里跃进，趁虚而入，攻占彭城。

在刘邦取得战略优势时，齐国又转而联合项羽，组成齐楚联军共同对抗刘邦，主打的就是唱反调。

直到汉朝建立，刘邦称帝，大势已定，齐地仍在抵抗。田横最后带着五百人逃到海岛上,也不肯投降,这就是田横跟他的五百壮士的故事。

齐国的这些行事方式与他们在战国后期的经历跟遭遇有着很大的关系。而齐国作为传统强国,在楚汉争霸之际,也扮演着重要角色。

在五国伐齐二十多年后,赵国也迎来了它与强秦的战略决战,即著名的长平之战。此战中两国精锐倾尽所有,秦将白起与赵军主将赵括各自率领本国主力更是进行了一场即使在战争频发的战国时代都极为少有的激烈的正面对抗,结果赵国惨败,数十万精锐损失殆尽。但其依然在长平战后又坚持了三十年,且其间有过多次与秦军正面对决交锋的记录。赵军不但未被击溃,反而成功逼退秦军,只因有名将李牧。

魏国在五国伐齐与长平之战后,一度表现得十分活跃,大有复兴之势,主要原因也是这时的魏国也有名将,此人即是窃符救赵的主角魏公子信陵君。楚汉战争之际被刘邦封为赵王的张耳曾是信陵君的门客。而刘邦本人最崇拜的人就是信陵君。

李牧被杀,赵国亡。信陵君死,魏国亡。到了楚国,就变成项燕死,楚国亡。

秦统一六国的顺序:

世代楚将　将门之后——取而代之

始皇帝十七年（公元前230年），秦攻韩，韩亡。

始皇帝十九年（公元前228年），秦将王翦攻赵，赵亡。

始皇帝二十二年（公元前225年），秦将王贲攻魏，魏亡。

始皇帝二十四年（公元前223年），秦将王翦攻楚，楚亡。

始皇帝二十五年（公元前222年），秦将王贲攻燕，燕亡。

始皇帝二十六年（公元前221年），秦将王贲攻齐，齐亡。

王贲是王翦之子，六国几乎就是被这父子二人攻下的。韩、燕、齐三国在秦始皇的统一战争中几乎可以忽略不计。秦真正的对手只有赵、魏、楚。秦军自北向南逐一对三国发起攻击，失去李牧、信陵君的赵、魏两国，很快便在秦军的如潮攻势下土崩瓦解。只有楚国进行了最激烈的抵抗，因为楚将项燕尚在。

秦军在攻楚之前，连战连胜，遂有轻敌之意，将骄兵惰。秦将李信更是在秦始皇面前放出大话，说他只要二十万人便可平定楚地。而秦始皇在老将王翦那里得到的回答是攻楚非六十万人不可。权衡利弊之后，秦始皇任用李信。李信在楚地遭遇惨败，不得不再次起用老将王翦来对阵项燕率领的楚军。

楚虽为大国，但秦国在夺取巴蜀汉中之地又接连吞并韩、赵、魏后，在实力上已经彻底压倒楚国。

最终，实力更强的王翦取胜，项燕兵败身亡。

项氏世代为楚将，与王氏同为将门。只是双方各为其主，一为秦一为楚。

秦楚之战，更直接地表现为王氏与项氏两大将门的对抗，这一次，王翦在伐楚之战中战胜项燕。然而，这只是开始，因为这两大将门的终极对决要等到十六年后的巨鹿之战。在那场决战中，秦、楚双方的主将分别是王翦之孙王离与项燕之孙项羽。

巨鹿之战，项羽获胜。战败的王离举火自焚而死，项羽则一战成名，威震诸侯，成为令秦人胆寒、令各国震惧的西楚霸王。

巨鹿之战，不仅仅是两大将门的决战，更是秦楚之间的大决战。项羽击败的不仅仅是王离，更是业已存在七百年的大秦。此战之后，曾强横一时的大秦帝国轰然倒塌。摧毁强秦的正是西楚霸王项羽。

项氏仅用十余年即完成对王氏的报复、对秦的复仇。

恐怕连项羽本人也想不到，形势的变化竟会如此之快。

巨鹿之战更是项羽传奇一生的巅峰。

从背负国恨家仇的有志青年到威震四方的西楚霸王，项羽只用了四年。他是怎么做到的？这还需要从头说起。

当祖父项燕英勇捐躯为国战死沙场之时，项氏也遭遇有史以来最大的生存危机。随着秦军攻入楚国,项氏族人不得不四散逃亡,远走他乡躲避兵祸。

年幼的项羽随叔父项梁渡江南下来到江东。国破家亡,亲人离散,在幼年项羽的心中深深埋下对秦人仇恨的种子。

楚人的反抗并未因国家沦亡而停止。楚亡后,在楚国故地一条谶语开始广为流传:"楚虽三户,亡秦必楚。"这从侧面反映出楚人的心理,那就是不服气。生长在南方荒蛮之地的楚人,素来倔强,极具反抗精神。

秦兵自古耐苦战。

勇悍敢战的秦军是秦始皇能统一天下的军事基础。

而素来骁勇善战的楚人也以勇武闻名诸侯。

楚人从未屈服,只是慑于秦始皇及其麾下强大的秦军,才忍耐一时。

大秦统一六国,是纯粹的军事征服。表面的风平浪静,只是假象;表象之下,暗流涌动,潜藏着巨大的危机。

秦始皇感受到了这股来自六国故地的汹涌暗潮。他深知军事征服只是第一步,想真正实现长治久安,还有很长的路要走。

对各地潜藏于地下的抵抗力量,秦始皇认为有必要对其进行武力威慑。为此,在统一后不久,秦始皇就开始了历时十一年足迹遍布中国的漫长巡游。

统一之后，秦始皇总共在位十一年，其间五次出巡，每次行程都在千里之上，也就是说，这十一年，他至少有三分之一的时间是在外巡视中度过的，这很不寻常。秦始皇是中国历史上的第一位皇帝，但如此频繁如此长时间的在外巡游，也只有他一人。

表面上，秦始皇是巡游各地，寻仙问道，追寻长生之术；游览名山大川，刻石纪功，称颂功德。

实际上，他是亲自巡视自己打下的江山，震慑那些心怀不满企图复国的六国势力。

始皇帝二十七年（公元前220年），秦始皇开始了他的全国巡视。第一次出巡是向西，前往秦国的发迹之地陇西郡，祭拜祖先，告慰列祖列宗：他完成了统一六国的大业。这是真正的衣锦还乡。

这次出巡，效果应该不错，极大满足了秦始皇千古一帝的成就感。于是，他决定再接再厉，东出函谷关，前往六国故地，巡视地方。

为了确保出巡高效安全快捷，出发前，秦始皇下令在全国主要交通干线上修筑驰道，可以理解成古代的高速公路。

始皇帝二十八年（公元前219年），秦始皇开始第二次出巡。这次是前往泰山封禅，祭祀天地。秦始皇沿途经过韩、魏、齐、楚故地，到处刻石纪功，宣扬威德。

仅仅一年之后，始皇帝二十九年（公元前218年），秦始皇再次东出函谷关，途经洛阳，沿着上次的路线，向东进发，然而这一次行至博浪沙时却遭遇刺杀，一个百余斤的大铁锤砸中了秦始皇的副车，显然刺客的目标是秦始皇。

虽然秦始皇继续前行抵达东海之滨——他上次来过的地方——寻仙问道，但显然刺杀事件严重影响到其心情，此次出巡草草收场。

秦始皇下令在全国通缉搜捕刺客，但依然未能捉到行刺之人。秦始皇不知道，但我们知道，密谋策划这次刺杀的就是后来的汉初三杰之一张良。

张良祖上是韩国贵族，世代在韩为官。秦国统一六国，张良也从贵族跌落成平民。因而，身负国仇的张良对秦始皇恨之入骨。他会找人暗杀秦始皇一点也不意外。

三年后，始皇帝三十二年（公元前215年），秦始皇开始第四次出巡。这次他去的是燕赵大地。秦赵之间惊心动魄的长平大战，他之前也只是听说，但荆轲刺秦可是他的亲身经历，再也找不出第二个比他体会更深的人了，此番经历足以令其刻骨铭心，此生难忘。邯郸是必去的地方，他在这里曾有过不愉快的童年经历，给他带来的心理阴影可能不亚于荆轲刺秦。

返回途中秦始皇来到海边一个叫碣石的地方,这个地方后来曹操也来过,还写了一首《观沧海》,其中的"东临碣石,以观沧海",脍炙人口,广为人知,《观沧海》也成为莘莘学子必读的名篇佳作。碣石也与秦始皇结下不解之缘,现在它的名字叫秦皇岛,是北方著名的避暑胜地。

此后数年,忙于国事的秦始皇分身乏术,直到始皇帝三十七年(公元前210年)才开始他的第五次也是最后一次出巡。

这次,秦始皇从咸阳南下出武关前往楚国旧地,在云梦泽遥祭九嶷山的舜帝,而后,顺江东下,来到江东,在会稽山祭拜大禹。

秦始皇的车驾抵达会稽郡时引来众多百姓的围观。仪仗的盛大威仪,令在场众人眼界大开之余啧啧称叹。这番喧闹的场景又引出人群中一对叔侄的对话。

侄子看着秦始皇威风八面的皇帝仪仗,对身旁的叔叔说:"彼可取而代也。"这个侄子就是项羽,站在他身边的是他的叔父项梁。

项梁闻言大惊,赶紧捂住项羽的嘴,斥责道:"不要胡说,这是要诛族的。"然而,表面的斥责背后却是欣赏,是欣慰。因为项梁早已看出,这个侄子非等闲之辈,早晚必成大器。

项羽说这话的时候已经二十三岁，是成年人，并非小孩子稚气未脱的口出狂言。而我们知道，项羽随叔父项梁在会稽起兵反秦时也才二十四岁。而且，项羽说出的是他的志向，更代表着楚人的精神，那就是楚人从未真正屈服，随时准备起来反抗。一年后陈胜在大泽乡的振臂一呼应者云集，项梁项羽的会稽起兵群起响应，就是明证。

秦始皇为何不远万里来到会稽，就是因为他感受到了楚地的危险气息，来到江东是想以武力震慑楚人，然而，从实际效果看，他处心积虑的出巡，他的军事威慑，并未起到他想象的作用。

仅仅一年之后，秦始皇辛苦建立的大秦帝国就开始崩塌。而摧毁大秦的人，正是此时在会稽郡的人群中说出那句"彼可取而代也"的青年。这也是成语"取而代之"的出处，更是项羽这位未来的西楚霸王贡献的第一个成语。

一年之后，楚地的一位有志青年说出了一句更为励志、流传更广的口号："王侯将相宁有种乎！"是的，喊出这句口号的人就是陈胜。

起兵会稽 渡江北上——先发制人

始皇帝三十七年（公元前210年）七月，秦始皇病死沙丘。其子胡亥继位，是为秦二世。在此之前，秦始皇的长子扶苏已被胡亥、李斯等人合谋害死。秦始皇欲将大秦帝业传之万世，却想不到二世即终。

一年后的七月，来自楚地陈郡的九百戍卒被派往北方的渔阳戍边屯守。然而，他们行至泗水郡（也作四川郡）蕲县的大泽乡时因遭遇连绵大雨，被迫停下。

眼看行程因大雨受阻，众人的心情也由焦灼而惶恐，由惶恐而忐忑，因为秦法严酷，失期当斩。

其实，秦律对此有相应的豁免，但作为这支戍卒首领的陈胜跟吴广决心趁此时机，发动戍卒，举行起义。

因为远行千里，戍边屯守，本身就极其危险，陈胜、吴广在杀死押送他们的秦军都尉后，召集九百戍卒，说道："公等遇雨，皆已失期，失期当斩。藉第令毋斩，而戍死者固十六七。且壮士不死即已，死即举大名耳！王侯将相宁有种乎！"

陈胜说得很清楚，失期当斩，即使遇雨失期得到赦免，此去渔阳，也是九死一生。既然都是死，那为何不死得壮烈一些呢！难道王侯将相都是与生俱来的吗！

于是，群情激奋，众人皆从。

陈胜诈称是公子扶苏、项燕的部众，筑坛而盟，号称大楚；陈胜自立为将军，吴广为都尉，率众攻大泽乡，拔之，继而攻蕲，又下。陈胜乘胜连攻铚、酂、苦、柘、谯诸县，皆下之。

陈胜于是率军向陈郡进发，一路收兵，进至陈县时已有战车六七百乘，骑兵千余，步卒数万。陈胜率众攻陈，陈郡守、尉皆遁走，独守丞与战谯门中，杀守丞，入据陈。陈胜在陈自立为王，号曰"张楚"。

陈胜以旧友陈人武臣为将军，予卒三千，北上略赵。

陈胜又令汝阴人邓宗徇地九江。

陈胜以上蔡人房君蔡赐为上柱国。

陈胜闻周文，陈之贤人，习兵事，乃与之将军印，使将兵西击秦。

张楚政权建立后，遣兵四出，北略赵、魏，西击秦，颇具声势，然而，陈胜的起义影响虽遍及六国，但他真正能控制的仅限于陈郡，也即楚国旧都郢陈及其周边的有限地区。

张楚政权几乎等同于陈郡政权。

这从陈胜及其主要成员的籍贯便能看出，清一色的陈郡人：

陈胜，陈郡阳城人。
吴广，陈郡阳夏人。
武臣，陈郡陈县人。
邓宗，陈郡汝阴人。
蔡赐，陈郡上蔡人。
周文，陈郡陈县人。

被陈胜派出东向略地的泗水郡人葛婴进至东城，便在当地立襄强为楚王，葛婴也因此被陈胜所杀。陈郡人秦嘉稍后也在泗水郡的留县拥立景驹为楚王。

陈郡与泗水郡近在咫尺，陈胜都控制不住。泗水郡状况频出也证明陈胜并没有能力掌控泗水郡。后来，陈胜也试图调动泗水郡的起义军，但后者根本不听其指挥。

陈胜之所以急于称王，一方面是出于私心，另一方面也是希望通过称王扩大其声势，加重其权威。因为相比于后来的世代为楚将在楚地拥有巨大威望的项燕之子项梁，陈胜在家世背景方面没有任何优势。

陈胜以王自居，虽然影响遍及楚地，但势力所及仅限于陈郡。

随着他派出的伐秦部队陆续失败，他也被彻底孤立，最终兵败身亡。

当时，楚兵数千人为聚者不可胜数。楚地兵众虽多，却呈现出互不统属、各自为战的特点。旧楚各地虽然纷纷响应陈胜的起义，却并不愿听从他的指挥归其调遣。

陈胜以为只要他称王，就能得到拥护，可是，他将问题想得过于简单了。

获得承认的关键有两点，他都不具备，一是声望；二是实力。

声望如何获得？在战斗中获得，在战胜中取得。陈胜其实是有机会的，但他主动放弃了。

在攻占陈郡称王之后，陈胜便不再亲临战阵，在起兵初期这么做，等于主动放弃兵权。"枪杆子里面出政权"这个道理再过一千年也依然是正确的。

放弃军队，就是放弃政权的领导权跟主动权。放弃战斗，就等于放弃军功放弃对军队的控制。

失去战斗的机会，便失去军功。失去建立战功的机会，便会失去在军队中的声望。

失去军队，就不再具备实力。

一个失去声望、得不到军队支持的领导是注定要失败的。陈胜已经用亲身经历做了最生动的注释,从大泽乡起兵时的众心归附,到陈县称王时的一呼百应,再到分兵外出独自留守时遭遇到的背叛,直到最后时刻的无人问津,都在说明兵权以及掌控军队的重要。

后来的项羽、刘邦在重大战役中总是亲自上阵,甘冒风险,正是因为他们都懂得,战斗的过程也是建立团队、筛选人才、组建嫡系、树立威望的过程,这在初期尤为重要。

陈胜初建政权依靠陈郡同乡是必须的也是必要的,但发展起来后要及时吸纳四方人才才能壮大。

项羽起兵之初靠的是项氏宗族,刘邦起兵最初靠的也是他的沛县同僚丰沛老乡,这是他们的基本盘。但在稳固基本盘之后,他们都要海纳百川,招贤纳士,才能在激烈的竞争对抗中生存下去并战胜对手。

陈胜在大泽乡率先吹响反秦战争的号角,随后分兵四出,攻城略地,并迅速建立起张楚政权。

这次起兵的意义远不止建立政权,更重要的是,他成功使反秦浪潮席卷楚地。

陈胜在大泽乡的那句"王侯将相宁有种乎"为反秦做了极为出色的政治动员。他在陈县称王,建立张楚,将整个楚地的反秦热情充分激发，楚人处处屯聚，建立武装，这为楚人的反秦战争做了高效的军事动员，使继之而起的项梁、项羽等率领的楚地起义军都大受其益。

陈胜的这些举动以及产生的效果，为项梁节省了宝贵的动员时间，更大大加速了项梁整合楚地各处武装力量的进程，甚至为之后的秦楚决战都打下坚实深厚的基础。

陈胜七月在大泽乡起兵。九月，刘邦在沛县、项梁在会稽响应陈胜，起兵反秦。

陈胜在大泽乡筹谋起兵时上演过篝火狐鸣鱼腹藏书的剧情。刘邦在反秦成功登上帝位之后，也还要补上一个斩蛇起义赤帝之子的说明。

他们为何要如此行事？因为威望不够，一个屯长，一个亭长，再怎么吹也还是底层，往大说也只是普通小吏。

为了凸显他们的身份，显出其高于常人的地位，只能求助于鬼神。

他们费尽心机也只是想为自己造势。

但相比于他们，项羽就不用受这份累，因为他是项羽，楚国大将项燕的孙子，凭这一点就够了。

项氏世世为楚将，这巨大的声望是一代代人用他们的鲜血和战功得来的。

只是，最初以项氏后人项燕之后名义起兵的是项梁——项羽的叔父。

项梁、项羽叔侄是泗水郡下相人。楚国真正的精华在淮泗地区，主要就是陈郡与泗水郡。刘邦是泗水郡沛县丰邑人。项燕与王翦大战发生在泗水郡。陈胜起兵发生在泗水郡。

项梁、项羽也是泗水郡人，但他们起兵在江东的会稽。他们为何去会稽？这也是因为他们是项燕的子孙。

去江东是避祸，是迫不得已，江北的淮泗才是他们的家乡，才是楚人的大本营。

当时南下的不仅是项梁、项羽叔侄，项氏宗族的很多人都一起去了江东，举家南奔。

也因此项梁在江东并不孤立也不弱小，相反，有宗族势力做后盾，项梁表现得相当强势，强势到连会稽郡守都要将他奉为贵宾，对他礼遇有加。本来作为项燕之子的项梁即使不被通缉也应是被重点审查的对象，结果他在会稽硬是靠实力成为大秦会稽郡守的座上宾。

陈胜在大泽乡起兵的消息传到江东，会稽郡守殷通深感不安，惶惶不可终日。

因为陈胜起义发生在楚地，陈胜起兵之后，楚人纷纷响应，而他们响应的主要方式，就是杀死秦朝任命的当地官吏。

虽远在江东，但殷通的消息还是很灵通。近些日子，他收到来自江北同僚的消息，那些同僚不是被杀，就是被逐，下场都十分悲惨。

兔死狐悲，物伤其类。殷通因此坐卧不宁，整日提心吊胆，生怕有一天会重蹈同僚的覆辙。

殷通的惶恐害怕是有理由的。

因为江北的陈郡、泗水郡、东海郡，这些原本是楚地的郡县基本已被反秦的楚人控制占据。

而在长江南岸的会稽郡同为楚地，当地人在此形势下会作何反应，也不难猜想。更悲催的是，殷通的同僚们见势不妙还能弃官西奔，尚且有路可退。陈郡的守尉就是这么逃走的。但殷通就惨了，他无路可逃。因为陈郡在江北，水陆四通，想逃相对容易。但他在会稽，而会稽在江东，东面是海，剩下西、南、北三个方向也都是楚人聚集之地。他即便想逃，都逃不出去。

既然难以脱身，那不如主动加入。

于是，会稽郡守殷通派人去请项梁到府邸商议大事。为何要请项梁？因为会稽若是反秦为楚，举事之人必是项梁，即使项梁不出面，也必定是幕后的主谋。

殷通其实只是名义上的郡守，此地真正的掌控者是项梁。

因为项梁是地方实力派，江东士大夫都愿归附项梁听其调遣。

殷通欲据会稽发兵响应陈胜，使项梁及桓楚为将。但这只是他的一厢情愿。

桓楚也是楚地的名将，当时逃亡在外，不知所终。因此，受邀而来的只有项梁。不过，项梁也不是一个人来的，跟他一同赴约的还有侄子项羽。

当殷通将他的起兵计划告知项梁时，项梁表面敷衍应付，心里却在冷笑。他笑的是殷通的不自量力，居然还妄想做他的上级。他项梁是谁！楚国大将项燕之子，将门之后，岂肯屈居人下！

在收到邀请时，项梁就已知其意，也早已下定决心，趁此机会除掉殷通，取而代之，掌控会稽在江东起兵。

虽然两人都想反秦，但在项梁的计划里，殷通连做合伙人的资格都没有，更别说做他的上级来指挥他。这在项梁看来简直就是痴心妄想。

殷通对项梁说："我听说先发制人，后发制于人。我打算以君及桓楚为将，据会稽起兵反秦，未知尊意如何？"

项梁表面赞同，心里却说，对，当然要先发制人。

项梁决定就在席间动手，最适合做这项工作的就是他的侄子项羽。

此时项羽二十四岁，身长八尺，力能扛鼎，勇武过人。

项羽少时学书，不成，弃去；学剑，又不成。项梁大怒。项羽却说："书，足以记名姓而已！剑，一人敌，不足学。学当学万人敌！"

项梁见这小子小小年纪竟有如此大志，很是欣慰，将门之后当有此豪气，于是便教其兵法，而缺乏耐心的项羽略知其意，又不肯再学。

史料上说项羽学书不成，学剑又不成。事实果真如此吗？

如今在会稽郡守府，项羽要向世人展示他的剑术了。

项梁诓骗殷通说，桓楚的下落只有项羽知道，将他找来，一问便知。殷通不知是计，当即将在外等候的项羽召入。

项梁随即以目示意项羽，传递的信息简单而又明确，可以动手了。项羽领会其意，当场拔剑，手起剑落，人头落地。这叔侄二人做事从不拖泥带水，殷通就这么稀里糊涂地死在了项羽剑下。

项梁佩其印绶，持头而出，见此情景，一府尽惊，府中顿时大乱。人狠话不多的项羽则随即开启杀戮模式，逢人即杀，见人就砍，连杀数十百人，转瞬之间，郡守府已是横尸交陈、血流满地，余者皆震惧慑服，这些人别说抵抗，连头都不敢抬。项梁、项羽叔侄两人便震慑控制了整个会稽郡府。

项梁召集郡中豪吏,告谕众人,将以会稽起兵反秦,使人巡行下属各县,得精兵八千。这八千江东子弟也成为项氏崛起的主要力量。于是项梁出任会稽郡守,项羽为裨将,占据会稽,并很快据有江东。

广陵人召平奉陈胜之命南徇广陵未下,突然得报,陈胜败走,章邯且至,于是紧急渡江,南下江东,矫令拜项梁为楚上柱国,并对项梁说:"江东已定,宜急引兵西击秦!"此言正合其意,项梁当即与项羽率八千江东子弟渡江北上。

过江之后,项梁率军进入东海郡,听闻陈婴已下东阳,遣使欲与之合兵一处,一同西进。

陈婴原是东阳令史,在县中素以信谨著称,人称长者。东海郡与陈郡、泗水郡同属楚地,得知陈胜起兵后,东阳人的反应与各地楚人如出一辙,也杀长令响应,仅仅一县便聚集起两万人,众人欲立陈婴为王。

在明知陈胜已在陈郡称王的形势下,泗水郡有秦嘉立景驹为王;东海郡有人欲奉陈婴为王。如果不是陈婴听从母命,婉言相拒,楚地三郡就会出现三王并立的局面。

陈母对陈婴说:"自我嫁为汝家妇,未尝闻汝先世有贵者。今暴得大名,不祥;不如有所归属。事成,犹得封侯;事败,易以脱身。"

陈婴遂不敢称王，恰逢项梁率军北进。陈婴谓其部下军吏曰："项氏世世为楚将，有名于楚，今欲举大事，将非其人不可。我倚名族，亡秦必矣！"众人深以为然，于是，陈婴率众两万投奔项梁。

陈婴此举简直令项梁喜出望外，项梁渡江时只有兵八千，而陈婴在东海即拥众两万，之所以主动归附，原因正如陈婴对部下所说，项氏世代楚将，素为楚人所服，加之项梁本人的能力出众，极具威信；以及陈婴及其母的清醒认知，很有自知之明，才会出现两万人主动向八千人归附并接受收编的反常现象。

陈婴此时的主动相投，也为他日后积累了雄厚的政治资本，之后，不管是项梁还是项羽，对陈婴都是礼敬有加，因为陈婴以两万人在这时加入项梁军，在时机的选择上，在军力对兵员的补充上，对项氏都是雪中送炭，至为关键。

收编东海陈婴的两万人后，项梁军迅速增兵至三万。

英布，也称黥布，九江郡六县人。既然他姓英，为何又叫黥布，只因他曾经犯罪被施以黥刑，即在面部刺字再涂以墨炭，这类标记难以洗去，会成为终生的耻辱。这种刑罚伤害性不大，但侮辱性极强。

英布不仅被刺字受辱，还被以刑徒的身份送往骊山为秦始皇修陵墓。骊山的囚徒有数十万，经历大多与英布相同，这些人中也有英雄豪杰。英布很快便与他们打成一片，因为物以类聚，人以群分。他们当然不甘心给秦始皇修陵，找到机会便亡命天涯。英布率众人一路逃回楚地，因逃犯的身份，最后只能去做江洋大盗。因为楚地临江河湖众多，靠山吃山靠水吃水。陈胜起兵的消息传来，英布当即响应没有一丝犹豫，因为他对秦刻骨的仇恨，也因为已经沦为最底层的他深知，这是改变命运的良机。

庐江郡番阳令吴芮，虽然做着秦朝的官吏，却与社会各界人士往来密切，甚得江湖上各类好汉之心，江湖号称番君。此时的英布聚众数千，也小有实力，听闻番君的名声，便率部前往投奔。两人一见如故，彼此倾心，又彼此需要，于是一拍即合，番君以女妻之，使英布将兵击秦。

陈胜死后，陈县也随之陷落。英布率部配合陈胜军余部反攻陈县，击败秦军收复陈县。

但秦军势大，陈胜已死，仅靠他的几千人难以成事，英布明白必须为他的这支小部队找一个大靠山才行。

正在此时，项梁渡江而来，于是英布当即率部加入。

项梁率军一路北上一路收编，整合各路楚地武装，进至东海郡的下邳城时，已有兵六七万。

项梁来的时机刚刚好，此时楚地虽风起云涌，但群龙无首，项氏世代为楚将在楚地的巨大声望,这时发挥了作用。陈婴、英布的先后加入即是明证。陈胜动员起来的楚地民众,被项梁悉数收拢整编。

陈胜栽树,项梁乘凉。

项梁受陈胜起义的益处还不止于此。陈胜的陈郡政权虽然仅仅存在了六个月,但对楚地各类武装的兴起,对项梁改编各路人马却极其重要,因为有陈胜的各路西征北进大军挡住了秦军兵锋,将秦军主将章邯的注意力吸引过去,各地楚人的武装才有机会壮大,项梁也才有机会发展。

项梁率军北上,楚人纷纷归附,大家对接受项梁的领导都十分服气。当然,不服气的人也是有的,比如秦嘉。

本是陈人的秦嘉却在东海起兵,陈胜派人去监军,试图掌控其部队。秦嘉则直接将陈胜派来的人斩杀。陈胜败亡之际,秦嘉更是干脆拥立景驹为楚王。

陈胜建立张楚政权,又西征又北上,秦嘉在东海近在咫尺,却不投靠不靠拢。陈胜兵败之际,秦嘉更是自立山头。

项梁来了。各路楚人争先恐后地前去投奔,秦嘉却厉兵秣马要与项梁一决高下,主打的就是一个叛逆。秦嘉,秦末一个打酱油的龙套角色,硬是以其夜郎自大的作风以及不识时务的性格,在乱世之中刷出了存在感。

秦嘉的作风与此时的齐国颇有几分相似，别人往东，他偏往西，总是有点那么与众不同。

齐国走叛逆风，后来被项羽暴揍。

秦嘉的叛逆路线也很快引来项梁的铁拳。

作为楚军的新领袖，项梁正愁找不到机会树立威信，秦嘉这个出头鸟是最合适的打击对象。

此时，项梁驻兵下邳。景驹、秦嘉驻军于彭城东。这两人不仅不想被收编，还妄图以武力阻止项梁军的推进。

秦嘉的做法令项梁不打都不行了。

看着欠揍的秦嘉，项梁决定满足其想早日投胎的愿望。

项梁对众将说："陈王首事，战事不利，未闻所在。今秦嘉背陈王而立景驹，实属大逆无道！"

项梁遂进兵攻击秦嘉。两军交锋之后，秦嘉这才知道项梁的厉害，他是真的打不过，但这时后悔也晚了。

秦嘉不是项梁的对手，败走胡陵，项梁率军在后急追。秦嘉还想反击，引兵再战。两军大战一日，秦嘉败死，余部尽降。秦嘉立的楚王景驹逃往魏国，很快也死在那里。

项梁吞并秦嘉军后，驻军胡陵。章邯军在击败陈胜后率军进至砀郡的栗县。这时项梁军在东海郡的下邳，两郡之间隔着泗水郡。

项梁派朱鸡石、余樊君率军从东海郡出发，向西迎击章邯。

为何要派这两人呢？因为他们是秦嘉军旧部，战后被项梁收编。朱鸡石最早在陈胜起兵时，就与秦嘉一起围攻东海郡。

项梁当然知道他们不是章邯的对手，那为何还要派他们去呢？这就是项梁腹黑的地方了。章邯西进，必须派兵抵挡。但此时对项梁而言，最紧迫的任务是聚拢整编此前分散在各地的楚人武装，与秦军决战的时机还未到。因此，派秦嘉旧部去最合适，打赢敌人除外患，打输也可除内患。结果不出预料，余樊君战死，朱鸡石败逃。

朱鸡石一路逃到泗水郡北面的薛郡胡陵。很快，项梁也率军西进，引兵入薛，将逃到此地的朱鸡石，以军败逃亡之罪斩杀，毕竟杀人还杀得名正言顺。

刘邦在项梁会稽举兵反秦时，也在丰沛起兵。但相比四方豪杰竞相来投的项梁，刘邦的队伍壮大得相当缓慢。二人几乎同时起兵，此时项梁已拥兵近十万，而刘邦的兵力只有项梁的十分之一，略相当于项梁麾下部将英布的规模。

景驹称王时，刘邦也曾前往投奔，路上还结识了一个对其未来影响深远的智谋之士张良。刘邦去见景驹是想请兵进攻丰邑。丰邑是刘邦起兵的地方，但留守丰邑的雍齿背叛刘邦投了魏国。刘邦恼羞成怒带兵反攻丰邑，却打不下来，为此还大病一场。从刘邦接下来的反应来看,他从景驹那里应该是未借到兵,反攻丰邑又遭重挫,这是刘邦沛县起兵以来的最低潮。但他很快将迎来转机。

转机来自一次拜访。项梁扫平秦嘉之后,刘邦又亲自登门。这次刘邦的要求得到了满足,项梁很慷慨地拨给刘邦五千人马,加上其原本的九千人,兵力达到一万余人。

得到兵员补充的刘邦实力大增,再次攻打丰邑,终于将其攻下,一雪前耻。雍齿逃往魏国。刘邦总算出了这口气,也从此时认定了项梁。

这时,陈胜的死讯被确认,项梁在薛郡大会各路楚地兵马共商大计,刚刚受到项梁恩惠新近加入的刘邦自然也在与会人员名单之列。

现在,对项梁而言,有比抗击秦军迎战章邯更要紧也更重要的事去做,那就是建军复国。

当时已年近七十的居鄛人范增,是一位隐居的谋略之士,好为奇计,多有智略。他听说项梁要恢复楚国,不顾七十高龄亲自去见项梁说:"陈胜之败,实属必然。秦灭六国,楚最无罪。自怀王入秦不返,楚人怜之以至于今。故而楚南公曰:'楚虽三户,亡秦必楚。'今陈胜首事,不立楚后而自立,其势当然不会长久。今君起兵江东,楚蜂起之将皆争附君者,以君世世楚将,为能复立楚之后也。"

项梁深以为然，当即派人四处访寻怀王子孙，几经周折找到了楚怀王的孙子熊心。此时的熊心已然落魄，昔日的楚国王孙如今已沦落为牧羊人。

六月，项梁率众将拥立熊心为王，依从民望，仍称楚怀王，以盱眙为都，陈婴为上柱国，项梁则自号武信君。

楚国复国，楚军重建，最大功臣当数项梁。楚国的实际控制权在项梁手上，楚军的统帅也是项梁。楚怀王熊心只是名义上的君主，实质上的政治傀儡。但熊心不想做橡皮图章，虽然他是项梁拥立的楚王，但从他后来的所作所为看，他并不感谢项氏，反而一直处心积虑从项氏手中夺权。因而，这个新造之楚，从开始就埋下隐患。君臣之间，因权力的归属以及分配矛盾重重。

当时，战事紧急，这种矛盾尚不明显，项梁也分不出精力去处理他与楚怀王之间微妙而又复杂的关系，这个难题，最终留给了他的侄子项羽。

在此之前，齐国、赵国、魏国、燕国已先后复国，六国之中只有韩国尚未重建。这令一直在为复国大业四处奔走的张良心痛不已，楚国复国使张良又看到了希望。

张良对项梁展开游说："君已立楚后，而韩诸公子中横阳君韩成最贤,可立为王,为楚之援。"

韩国在战国时代也是存在感很低的弱国。六国之中,其他五国都相继复国,只剩韩国,原因也很简单:实力弱小。张良也很清楚,以韩国孱弱的国力,想要完全靠自己实现独立,并不现实。可行的办法,只能是寻求外援。具备这个实力的诸侯也只有楚国。

况且,楚国也是刚刚复国,对韩国的遭遇感同身受,更容易得到同情。最能打动项梁的是,张良暗示项梁,韩国若能在楚国的支持下复国,今后必然惟楚之命是从。

于是项梁同意了张良的请求,立韩成为韩王,以张良为司徒,重建韩国。但这个新韩国依然是六国中最弱的。兵力只有千余。韩王就带着这么点兵在颍川一带攻略,新得数城,秦辄复取之。

韩王跟张良只能往来奔走为游兵。他们居无定所,到处打游击。明明是一路诸侯,却混得比山贼土匪还惨。山贼有山,土匪有窝。他们在自己的国土上,却没有属于他们的地盘。项梁也没有工夫去理他们。因为还有别的诸侯国在等待救援。这个急需救兵的国家就是魏国。

章邯在楚地击败陈胜又接连打垮几路楚地兵马,便率军北上围攻魏国,进攻魏王魏咎所在的临济。秦在魏国故地设东郡,在韩地设颍川郡。秦军北上攻魏去东郡，路上要经过颍川。但章邯并未理睬韩王，对其直接无视，不做停留，直奔东郡。项梁对其置之不理，章邯对其视而不见。可见，即使是在后战国时代，韩国依然是一个缺乏存在感的小透明。

韩国的地位虽然尴尬，但也因此躲过了章邯的重点进攻。

魏王魏咎被章邯率领的秦军围攻，形势岌岌可危。魏咎派相邦周市去齐、楚两国求救。相邦也就是相国，在一国之中居百官之首，一人之下，万人之上。相邦亲自到各国告急求救，可见，战局已经危险到何种程度。

对魏国的险情，齐、楚两国当然十分清楚，但面对十万火急的军情，两国却做出了不同的反应。

齐国对救魏相当重视，齐王田儋亲自领兵驰援临济。相比之下，楚国则差很多，项梁只派出部将项它率军去救魏国。

章邯表面不动声色与齐楚联军对峙于临济，暗中则请调援兵，增援前线。长久的对峙令齐楚联军麻痹大意，放松警惕，一个月黑风高的晚上，章邯在援兵抵达后，夜衔枚击，突然对齐楚联军发动夜袭。

在秦军迅猛凌厉的突袭下，联军大败，齐王田儋、魏相周市战死，楚将项它败走。联军的惨败使临济城中的魏军失去最后的希望。魏王魏咎与秦军约降，之后，举火自焚，以他的死换取全城百姓的生。其弟魏豹亡走楚国，在楚国支持下，魏豹又率数千人杀回魏国。之后，魏豹趁秦楚大战之际，连夺二十余城，成功复国。

田儋之弟田荣率齐军余部东归。章邯则趁势尾随一路追杀齐军至东阿。

形势愈加危急，齐国如再被击溃，楚军将独自面对强秦，楚国的处境将更加艰难。关东六国虽先后复国，但有实力与秦军一战的只有齐、楚两国。齐国在临济遭受重创，齐军如果战败，楚军就只能孤军奋战。

七月，得知章邯围攻田荣于东阿，项梁当即领兵紧急驰援，未亲自救援临济已是大错，再不可错上加错。

项梁率楚军从薛县出发北攻亢父。攻亢父，是为救东阿。因为薛县以北是亢父，更北才是东阿。而章邯在率秦军主力围攻东阿齐军的同时，必然在外围布置阻击线，对楚军可能的救援进行阻击，最佳的阻击点就是亢父。

在去东阿的路上，亢父是大军必争之地，如若对其置之不理，楚军的粮道就会受到威胁；但要强攻，伤亡将会很大，且可能旷日持久，而此时的齐军急需援兵，救兵如救火。章邯正是算准了这一点，才在亢父派兵阻击楚军北上。

项梁经过再三斟酌，决定分道进兵，兵分两路，以刘邦、项羽率前锋绕过亢父，进攻东阿与亢父之间的爰戚，攻占爰戚，先切断秦军东阿与亢父之间的联系，然后再南下绕至亢父之后，与项梁率领北上的楚军主力南北夹击亢父。

项梁以刘邦、项羽为前锋，颇有其深意。刘邦虽投奔项梁，却是相对独立的存在。他之所以愿意听从项梁号令，很大程度上在于他穷困来投时，项梁给他补的那五千兵。因为这支生力军的加入，使刘邦一扫颓势，反攻丰邑，驱逐雍齿，大仇得报，一雪前耻。

但这五千兵原是秦嘉旧部，项梁也是慷他人之慨，反正这些人不是他的嫡系，不如做个人情送给刘邦，换取对方的拥护。在这点上，双方是各取所需，双赢。

项梁很快发现刘邦这支部队在众多楚军中颇具战力，也希望将其变成自己的嫡系部队，而改造的第一步就是安插亲信。项梁派项羽与刘邦共同领兵，就是为改编部队，加强对刘邦的掌控。刘邦对此也是心知肚明，但当初既然得了好处，现在自然也要服从安排。

项梁此举也是想以此历练项羽。他希望项羽能早日成长，尽快适应战争，到时能独当一面，未来做他的接班人。

然而，项梁想不到，这次分别，将是他与项羽的永诀。项羽也想不到，从此之后，他真的要独自领兵独当一面了。而这次分兵也将加速项羽的进阶之路，只不过，他不是接班，而是从别人手中夺权，并迅速成为令三军信服的楚军主帅。

刘邦在这次战斗中的表现十分出色。《史记·高祖本纪》记载："居数月，北攻亢父，救东阿，破秦军。"

刘邦率军攻占亢父，打开进兵通道。之后，项梁率领的楚军由亢父长驱北进，顺利进至东阿。

章邯正在攻城，项梁带兵突然杀到。一场混战下来，秦军大败，这也是章邯出战以来第一次战败。危机暂时得到解除。战后，章邯西撤，田荣东归。

项梁决定乘胜追击。这次依然是兵分两路，项梁率楚军主力追击章邯率领的秦军。章邯西撤至濮阳，引水绕城做固守之状。项梁尾随追击而至将濮阳包围。

刘邦与项羽则率军攻击濮阳外围的城阳，以达到切断章邯部秦军与周边秦军联系的目的。

项羽、刘邦顺利攻下城阳，又南下攻击中原商业都会定陶。但定陶是秦军重点设防之地，楚军攻击受挫。之后，项羽、刘邦选择西进攻击临济，并顺利攻取。得胜后，二人领兵南下攻入雍丘，阵斩雍丘守将秦丞相李斯之子李由，这也是起兵以来，楚军斩杀的级别最高的秦军将领。

之后，项羽、刘邦并没停留，而是乘胜东进，攻打外黄。

这里的战事进行得并不顺利。于是，二人干脆放弃外黄转攻陈留，就在此时，北线战场传来消息，楚军在定陶遭遇大败，主帅项梁战亡。

项羽、刘邦南下之时，项梁正将章邯困在濮阳。现在，项梁却在定陶被章邯击败。局势为何会在短时间内发生如此逆转？因为即使是在古代，战场形势也是瞬息万变，项羽、刘邦虽在定陶攻击受挫，但在随后的南下路上相当顺利，甚至在雍丘取得大捷。但随着他们一路南进，他们与项梁率领的楚军主力也越来越远。

与此同时，被困在濮阳的章邯并未一味固守，而是在项羽、刘邦远去之后，选择突围。在章邯的率领下，秦军顺利从濮阳突围，然后他们去了定陶。就是项羽、刘邦屡攻不下的那个定陶。

项羽与刘邦的能力，众所周知，这两位猛人联手都未能攻下的城池，其守军的实力可见一斑。章邯率军到此，就是为了与定陶秦军会师。两军会合，兵力更集中，战力自然也更强。而此时的楚军却一分为二。

项梁很快追踪而至，又将定陶包围，但章邯并不慌张。项羽、刘邦都打不下的坚城，项梁在短时间内也攻不下。而且，章邯还有后招。他的后招就是来自关中的援兵。

关中秦军如约而至,章邯再次使出他擅长的衔枚夜击战术,开城出击,与援军里应外合,内外夹击定陶城外的楚军。在秦军的夹攻下,项梁战死,楚军溃败。

项梁败亡,举军震恐。军心已乱,项羽、刘邦只得率部东归。而一场精心布置的政治阴谋正在等着项羽。

项羽还沉浸在失去叔父的悲痛中时,有人就准备对他动手了。这个人不是别人,就是项梁拥立的楚怀王熊心。

此时楚国都城是盱眙,但真正的军政中心在彭城项梁的大本营。熊心虽是楚王,但并不掌实权,更像是徒有虚名的橡皮图章。

然而,熊心并不想做项氏的傀儡。他要做真正的楚王,唯一的障碍就是拥立他的项梁。

当项梁战死的消息传到盱眙,熊心的心情很复杂,很难说是悲伤还是喜悦。如果不是项梁,他可能现在还在给人放羊。熊心从内心深处应该还是感激项梁的。但如果项梁不死,他肯定要继续当橡皮图章,而且在可以预见的将来也不会发生改变。

但世事难料,定陶战役改变了很多人的命运,这些人里包括楚怀王熊心,也包括未来的西楚霸王项羽,还包括汉朝的开国之君刘邦。

他们的人生际遇都因定陶战役跟项梁的死而急遽变化。

项梁战死,楚军溃败,楚国上下,人心惶惶,而熊心却在一片混乱中看到了夺权上位的机会。

《史记·项羽本纪》记载:"楚兵已破于定陶,怀王恐,从盱台之彭城。"盱台即是盱眙。这里的"恐"字用得很妙,彭城在北,靠近前线;盱眙在南,属于后方。

当得知项梁败亡的消息,"恐惧"的楚怀王熊心立即行动,从后方的盱眙以迅雷之势风驰电掣般急匆匆赶到位于前线的彭城。

熊心确实很恐惧,恐惧到连方向都分不清了。别人恐惧都是从前线往后方跑。熊心的恐惧却是反的,从后方往前线跑。

在从盱眙北上去彭城的路上,熊心心急如焚,因为他知道,成败在此一举。必须在项羽等人之前赶到彭城,惟有如此,才能掌握主动。

若不能抢占先机,那还不如不来,因为此时北上,他的政治动机已经彻底暴露。若不能夺权成功,下场会很惨。虽然他最终的结局也很惨,但此时稍有迟疑,熊心的人生之路就只能到此为止,属于他的悲惨结局会提前到来。因为他的主动出击,他的命运在此时发生了一次巨大的转变,虽然结局难以改变,但对未来楚汉之争的局势产生了重大而又深远的影响。

东归路上,楚军再次分兵。刘邦军在途经砀郡时便停下不再往前走了。刘邦就此驻军于砀县，因为这里是他的大本营。

而项羽军则继续前行，他们的目标是彭城，因为那里是项氏的大本营。

项羽与刘邦从此分道扬镳。两人再见面时是在秦国故地的关中那场著名的宴会上，地点在项羽驻军的鸿门。因而那次宴会也被后人称为鸿门宴。

项羽军行至彭城附近，得知楚怀王熊心已经先期入城，便驻军于彭城之西，并未急于进城。项羽在观望形势。与他做出相同反应的还有楚国的另一位将军吕臣，他将部队驻于彭城之东。

楚军主力一分为三，分别归属刘邦、项羽与吕臣。

从他们东归之后在屯兵地点的选择上，就能看出属于不同派系。

刘邦从丰沛起兵便自成一系，虽统属于项梁，却不是项梁的嫡系，走的是独立自主的自力更生路线。

项羽是项氏最勇猛敢战的将军，其在军中的地位仅次于项梁，率领的也是楚军精锐，项氏的嫡系部队。

吕臣是陈胜旧部。陈胜被叛徒庄贾杀害，陈县也被秦军占领。这时是吕臣重整旧部，组建苍头军进行反击，杀死叛徒庄贾，为陈胜报仇，夺回陈县。

刘邦部、项羽部、吕臣部，三支部队分别属于三个不同的派系。

楚怀王熊心做出的反应是，夺项羽、吕臣之兵，封项羽为长安侯，任命吕臣为司徒，收回他们的兵权。与此同时，熊心又任命刘邦为砀郡长，封武安侯，统领砀郡兵，算是对刘邦据有砀郡的事实的一种承认。

吕臣在此后逐渐淡出，后投奔刘邦。

项羽兵权被夺，虽心有不悦但眼前也只能听从命令，等待机会，以图东山再起。

三人中只有刘邦的军队得以保留，这一方面是因为他以及他的部队不在彭城远在砀郡，熊心鞭长莫及；另一方面，熊心也是想利用刘邦来制衡项羽。

刘邦对熊心还是很有好感的，因为他是受益者，与其他两人相比，他足够幸运。

而项羽则从此对熊心恨之入骨，在项羽看来，熊心的所作所为完全可以称得上是恩将仇报。熊心能成为楚王是项氏拥立所致，如今，项梁尸骨未寒，熊心便剥夺项氏兵权。这怎能不令项羽心怀恨意。两人的矛盾就此激化，反目成仇。

楚怀王熊心初掌大权，面临的第一项重大决策是救赵。

章邯在击败项梁后，以为楚地兵不足虑，便移兵北上攻打赵国，并很快取得大胜。赵国连遭大败，溃不成军，都城邯郸也落入秦军之手。

赵王赵歇与张耳退入巨鹿城中坚守待援。陈馀则北上募兵，得数万人，然而秦军势大。虽然巨鹿城被秦军重重围困，形势十分危急，陈馀也不敢去救，只能在城北遥为声援。

很明显，仅靠赵国是难以对抗强大的秦军的。六国中，尚有战力的也只有齐、楚两国。虽然两国之前也在与秦军的战斗中遭受重创，齐国国君田儋、楚军主帅项梁在临济之战与定陶之战中，先后战死。但能与强秦对抗的依然只有齐、楚。

只是齐国这时忙于内斗争位，赵国能指望的援兵只剩下楚国。

赵国连续派出使者向楚国告急求救，使者络绎于途，冠盖相望。

赵、魏、齐、楚，互为盟友，唇亡齿寒的道理，楚怀王熊心当然明白，救赵是肯定的，问题在于派谁去救。

刚刚才夺过兵权，熊心可不想因为救赵大权旁落，因为他的权力、他的政权依靠的就是军队。

楚怀王熊心手下大臣虽多，但能领兵打仗的不多。熊心为主帅的人选烦恼不已。这时，齐国使者高陵君向他推荐宋义。高陵君推荐的理由是宋义"知兵"，熟悉军事。

然而，这只是高陵君的一面之词，宋义原先做过楚国的令尹，相当于秦国的相邦，也就是后来的相国。相邦改称相国，是为避刘邦的名讳。在项梁军中，宋义只出场过一次，那就是劝说大胜之后的项梁不要大意轻敌，应加强防备以应对秦军的反扑。宋义此言只是作为幕僚的一番进言，此话说得当然有理，但也仅仅只是建议，以此说明宋义通晓军事，实在过于勉强。

高陵君之所以在熊心面前极力推荐宋义，其实是为报恩，因为宋义救过他的命。作为齐国使者的高陵君原本要去见项梁，途中遇到宋义。当时，宋义对他说项梁骄傲轻敌，不久必败，劝他慢些走，就可能躲过此劫。高陵君很是听劝，当真就慢慢地走，果然躲过定陶大战。

楚怀王熊心听信了高陵君之言，当即召来宋义，与之一番交谈后，很是满意，随即任命其为上将军，项羽为次将，范增为末将，率军救赵。众将皆统属于宋义，军中号称卿子冠军。

熊心以宋义为帅，表面上是听信齐国使者之言，其实他真正的目的是想联齐救赵。宋义主张联齐，这与熊心的策略一致。任命亲齐的宋义统军，可以将齐军拉上一起救赵，增强实力的同时，也能减少风险。

当时，楚国有两个重大使命，一为救赵；二为伐秦。为此，楚国决定兵分两路，一路北上救赵，一路西进伐秦。

相比救赵，项羽更希望率军伐秦，报叔父被杀之仇，雪昔日亡国之恨。背负国恨家仇的项羽一心想要报仇。当时，章邯率领的秦军兵锋正盛，连续击败魏、齐、楚、赵，乘胜逐北，各诸侯军连遭败绩，畏秦如虎，避之唯恐不及，更不要说主动迎战了。

只有项羽不惧秦军主动请战，然而，他的请求被楚国的众多元老重臣一致否决，他们给出的理由是，项羽为人暴虐嗜杀，不如派刘邦，因为刘邦是忠厚长者，起兵以来军纪严明名声很好。

于是，楚怀王熊心顺从众意，令刘邦西征伐秦，而令项羽随宋义北上救赵。

其实，整件事都是楚怀王熊心在幕后操纵。他才是背后的主谋。

楚怀王熊心充分利用了项羽屠城的黑历史，通过众老臣之口故意抬高刘邦贬低项羽，哪里是熊心顺从众意，不过是众臣服从主意。

但也别以为熊心对刘邦就有多好，当时章邯接连大胜，给诸侯各国造成严重的心理阴影。在赵、魏、齐等国看来，西向伐秦跟送死也没啥区别。即使在楚国，愿意西征的人也不多，有这个意愿的，也只有刘邦跟项羽。

刘邦出身底层,靠军功迅速兴起,对他而言,只有打出去才有机会。因为旧楚都被世家豪强占据,怀王手下那些重臣当然不希望有人来分他们的利益,他们不喜欢项羽,也不喜欢刘邦。

楚怀王熊心派刘邦西征,又遣项羽北进,将这两股势力都调出去。淮泗膏腴之地就是他们的了。怀王与诸将约定:"先入关中者为王。"这在当时,其实也只不过是楚怀王给诸位将军画的大饼。

此番西征若能取胜,称王关中的不管是项羽还是刘邦,都不会损害泗上楚国的利益,最多不过是关中易主,换一个楚人当秦王罢了。项羽、刘邦,谁当新秦王,楚怀王以及楚国旧势力都能接受。最好都出去,最好都别回来,因为利益有限,不够分。

如果打败仗,如之前的周文、项梁,那对楚怀王熊心也未必就是坏消息,周文不败,陈胜就不会死;项梁不死,熊心就当不上如今这个名副其实的楚王。

刘邦带着他的一万余人的小部队出发了。站在当时的视角,其实看好他的人并不多。

之前的周文、项梁哪个不是拥兵十万,兵强马壮,结果还不是一败涂地,兵败将亡。刘邦只有一万人,将领都是他沛县的弟兄，士兵也多是丰沛、砀郡子弟。

当时的很多人并不看好刘邦的西征，这些人里包括熊心，也包括项羽。

但刘邦依靠自己创造出了奇迹，转战千里，入关亡秦。

当然，这其中也有项羽的功劳。正因为项羽在北线牢牢牵制住章邯的秦军主力，刘邦在西线才有机会。

破釜沉舟 背水一战——巨鹿之战

楚军在宋义率领下一路北上进至安阳。之后，宋义便下令全军就地安营扎寨，停在安阳，再不肯前进一步。

这一停就是四十六天。项羽对此大为不满，找到宋义说："秦兵围困巨鹿，军情紧急，当此之际应引兵急渡，过河杀敌；楚击其外，赵应其内，破秦军必矣。"宋义说："不然。夫搏牛之虻，不可以破虮虱。今秦攻赵，战胜则兵疲，我承其敝；不胜，则我引兵鼓行而西，必举秦矣。不如先令秦、赵相斗。夫被坚执锐，义不如公；坐运筹策，公不如义。"

项羽告诉宋义，巨鹿被秦军围攻，岌岌可危，全军应尽快过河，与赵军里应外合，同秦军决战，解巨鹿之围。

宋义却对项羽的建言不以为然，反而对项羽进行了一番说教，他的战术可以概括为坐山观虎斗。二虎相争，必有一伤。秦军进攻赵国，即使战胜，也必然损兵折将，疲敝不堪；倘若秦军战败，则可趁机西进直捣关中，虽然这个可能性很低。

最大程度消耗秦、赵，待其两败俱伤再出兵，这时不论是救赵还是攻秦，所承受的代价都会最小。这是宋义的战术，也是楚怀王熊心的命令。怀王宋义君臣这是典型的战国纵横思维。

显然，宋义的这番布置是经过楚怀王同意的，甚至可以说，按兵不动就是楚怀王的授意。宋义是楚怀王任命的将军，若不是有怀王的指示，他怎么敢！

在如此重大的军事行动中，前线将领通常是不敢自作主张擅自行动的，特别是宋义又是楚怀王熊心任命的主将。

有楚怀王撑腰的宋义面对项羽的质询显得理直气壮，甚至说出"被坚执锐，义不如公；坐运筹策，公不如义"的话。这句话翻译过来就是，冲锋陷阵，我不如你；运筹帷幄，你不如我。而此时还不是与秦军开战的时候，所以现在你要听从我的指挥。

这个宋义仗着是怀王策命的军中主帅，狐假虎威，想以怀王之威权震慑项羽，再以他所谓的"坐运筹策"加以压制，想以此迫使项羽听其号令。

然而，不要说他这只狐狸，即使他认为的老虎，也全然不被项羽放在眼里。宋义对此却丝毫不知，在作死的路上一路狂奔，因为接下来，他又下达了一个具有明显挑衅意味的命令。宋义下令军中："有猛如虎，狠如羊，贪如狼，强不可使者，皆斩之！"

这道军令很明显就是冲着项羽下达的，这哪里是军令，分明就是赤裸裸的挑衅。宋义招惹了一个不该招惹的人。随着两人的矛盾急遽激化，宋义的生命也进入了倒计时，因为他激怒的人是项羽。

楚军主将宋义在安阳四十六天按兵不动，整日饮酒高会。但要说明的是，这还真不是简单的置酒高会。准确地说，这是一系列的外交宴会。宋义一直在积极地进行外交活动，主要工作是拉拢齐国。

经过四十余日的漫长谈判，宋义的外交取得了重大成果，标志就是他的儿子宋襄即将赶赴齐国担任相国。战国时代，彼此交好成为盟友的两国，常常互派重臣去对方国家为相。这种事情在战国是最常规的操作。

但宋义的外交行动以及取得的成果，只有少数高级将领知道。普通的士兵看到的就是这些人整天吃吃喝喝，啥也不干。当时正是冬天，天寒大雨，士卒冻饥。一方觥筹交错把酒言欢；一方忍饥受冻饥寒交迫。

有对比才有伤害。士兵们的怒火在持续上升，这一切项羽都看在眼里，项羽知道所有的事情，但他故意略去与齐国的重大外交进展不谈，专门就引起士兵不满的置酒高会大做文章。项羽这才叫懂宣传会鼓动。

带有明确目的面向大众的宣传，通常都不会说谎，因为谎言很容易被揭穿。要告诉大众真相，还要达到宣传鼓动的目的，最佳策略是告知部分真相。说了，但是未全说。对自己有利的，多说；对己方不利的，少说，甚至只字不提。即使被发现，也可以理直气壮地讲，自己说的都是真的。

项羽对部下说："将勠力而攻秦，久留不行。今岁饥民贫，士卒食半菽，军无见粮，乃饮酒高会；不引兵渡河，因赵食，与赵并力攻秦，乃曰'承其敝'。以秦之强，攻新造之赵，其势必举。赵举秦强，何敝之承！且国兵新破，王坐不安席，扫境内而专属于将军，国家安危，在此一举。今不恤士卒而徇其私，非社稷之臣也！"

项羽的这番话也带有明显的针对性，反驳的就是宋义的"今秦攻赵，战胜则兵疲，我承其敝；不胜，则我引兵鼓行而西，必举秦矣"的坐观成败的言论。

这里面，宋义的主张就是鹬蚌相争，渔人得利。秦赵是鹬蚌，楚军做渔翁。

对此，项羽针锋相对，予以驳斥，以秦之强，攻新造之赵，其势必举。赵举秦强，何敝之承！

驳斥宋义的两承其敝的理论是争取中下级将校的认可。痛斥宋义的日夜置酒高会，为的是激怒然后取得广大普通士兵的支持。

所有这些都是为接下来的行动做准备，接下来，项羽要做的是夺权。显然，宋义是不会乖乖交出兵权的，那项羽只能杀了他。所以，项羽的整个行动，分成两步，杀宋义，夺兵权。但因为项羽在军中的威信以及他本人的智勇，两件事实际上是同时进行的，四个字概括就是：斩将夺兵。

秦二世三年（公元前207年）十一月，一日清晨，项羽突然闯入宋义的大帐，斩下其人头。随即走出大帐对三军将士说道："宋义与齐国密谋反楚，楚王密令籍即行诛杀！"当时，诸将皆慑服，不敢动，皆曰："首立楚者，将军家也，今将军诛乱。谨从命。"于是，众将共推项羽为假上将军。假是代理的意思，因为还未得到楚王的正式任命。

项羽既杀宋义，当然不会放过其子宋襄，立即派人追杀，在路上将其杀死。项羽遣大将桓楚回彭城报命怀王。熊心尽管内心极为愤怒极为不满，但也不得不承认既成事实，派使者至军中正式册拜项羽为楚国上将军。

项羽虽然如愿以偿重新夺回兵权，但他与楚怀王熊心的大仇也算是结下了。

因为宋义是熊心任命的上将，是为熊心掌兵的亲信，项羽杀宋义就是打熊心的脸，又将兵权夺去，简直就是杀人诛心。

项羽的这番操作意味着他与熊心的彻底决裂。熊心的妥协只是暂时的退让,事情远未结束。

成为上将的项羽压力巨大,此番救赵,成功则可稳坐楚军主帅;倘若失败,熊心会跟他新账旧账一块儿算。

其实,从项梁兵败身亡,熊心趁机上位夺其兵权那时起,项羽就不再将熊心当做楚王对待而是视其为仇敌。

项羽必须用一场胜利巩固夺来的兵权,成为三军众望所归的名副其实的统帅。

如何获得军队的拥护?

最简单最有效的方法就是带着他们打胜仗。

从胜利走向胜利,才是一位将军得到军队支持最重要也是最根本的原因。

即将开启的巨鹿之战是项羽的封神之战,也是楚军勇冠诸侯的立威之战。

此时秦国戍守北方边疆的长城军在主将王离的率领下,南下驰援中原战场。

长城军是秦朝用以防御匈奴的边防部队,也是秦军的精锐。边军的战斗力往往都强于地方,即使是直属于中央的禁军,在长期不征战的情况下,其战力也会迅速下降,乃至不如边军。

因为使军队具有强大战斗力的必要条件就是战斗,不停的战斗，与强敌的长期的、持续的战斗。

长城军之前的敌人是强悍剽勇的匈奴骑兵，而他们在前任主帅蒙恬的率领下，于始皇帝三十二年（公元前215年），北伐匈奴。第二年，蒙恬率三十万长城军大败匈奴，夺取河南地，以其地置四十四县，移民实边，驻军戍守。之后，匈奴远遁，不敢近边，在与匈奴的对抗中，秦军不仅攻得下，也守得住。

河南地即是今天的河套平原，位于阴山之南黄河中游，这里气候湿润，土地肥沃，宜农宜牧。自古就有"黄河九曲，唯富一套"的说法。这里是游牧与农耕文明的分界线，也是彼此激烈交锋的战场。后来的汉大将军卫青率汉军在河南地大胜匈奴，将其逐到漠北。

长城边军是秦朝的战略预备队，不到万不得已，他们是不会被轻易动用的。

陈胜于大泽乡起兵后，关东六国旧地纷纷响应，楚、齐、赵、魏先后复国，星星之火已成燎原之势。

现在是何形势？现在就是万不得已。于是，长城军奉命南下。蒙恬在秦始皇死后不久即被逼自杀，现在长城军的主帅是大将王离，他是战国名将王翦之孙、大秦骁将王贲之子。王氏三代为秦将，关东诸侯众将，以家世门第而论，能与之比肩者，只有项氏出身世为楚将的项羽。

在之后的大战中，王离的主要对手就是项羽。王离的爷爷王翦与项羽的爷爷项燕在十几年前曾有过交锋，那次是秦胜楚败，项燕战死，楚国亡国。项羽遇到王离，可以说是冤家路窄，仇人见面分外眼红。

身负国恨家仇的项羽当然不会放过秦军放过王离，但他并未急于进兵，面对仇人，他表现得相当冷静沉着，很有定力。

因为此时的局势，依然是秦强楚弱。王离率二十万长城军南下，围攻巨鹿。章邯在击败项梁后，率秦军北上攻赵，所部经多次补充，兵力也近二十万。王离军与章邯军一北一南，对赵国形成夹攻之势。

章邯军在进入黄河以北后，由于此地与关中、敖仓、河内郡等大后方没有水系直接连通，运粮一下子成了大问题。

为确保攻赵期间的粮食供应，章邯在棘原建立大本营，屯驻重兵，同时这里也是秦军的粮草转运站。秦军从各地搜刮的粮食要先运到这里，再从这里运往前线。

王离的长城军南下围攻巨鹿，也要靠章邯供应粮草。章邯分兵两处，一处在棘原，一处在巨鹿城南。棘原是巨鹿前线秦军补给线的起点，巨鹿城南则是终点。

在王离长城军围攻巨鹿的同时，章邯军的二十万人则分做两处，一处十万人在棘原，一处十万人在巨鹿城南。王离负责攻城，章邯负责粮草的征集运输。

章邯先将各处粮草集中到棘原大营，再装船，经洹水，入清河，最后通过甬道运至巨鹿城南大营。这条甬道从清河直通巨鹿南的章邯军营，再由章邯军转运至王离军。运粮甬道是王离长城军的生命线。

甬道在秦汉时代颇为流行，刘邦、项羽以及后来的曹操都用过，大概是沿路两边挖沟取土，然后用土在两边筑成长墙，起到隐蔽人员、辎重，防备敌人袭击的效果。

项羽的楚军面对的几乎是不可破解的难题。要解巨鹿之围，巨鹿城下，王离军二十万。距王离军不远处的章邯在巨鹿城南大营有十万秦军，棘原还有十万。巨鹿秦军总兵力近四十万。

此时巨鹿以北聚集着大量的诸侯援军，人数在二十万左右，他们比楚军先期抵达战场。为何他们会早到？一是因为路近；二是因为楚军被宋义搞外交耽搁了四十六天。但来得早，并不管用，因为在这次大战中，其他诸侯军只是楚军的陪衬，是绿叶。楚军虽然来得最晚，却是主角，是红花。

此时，项羽能指挥的只有楚军，可是他带来的楚军也只有五万多人。用五万人去打四十万人，即使勇猛如项羽，悍战如楚军，正面强攻几乎也是必败之局。因为对面的四十万秦军也是大秦精锐。

敌人兵力占优、勇悍敢战，友军畏敌如虎、观望不前，这仗要怎么打？且看项羽如何破局。

这时就很考验身为楚军主帅的项羽的指挥水平了，而项羽交出的几乎是满分答卷：他将现有条件下楚军的战争潜力发挥到极致。

项羽采取的策略是避实击虚，攻其必救。

项羽派英布、蒲将军率两万楚军先行渡河。渡河之后，先锋楚军既不攻击南面的章邯，也不进攻北面的王离，而是袭击联络两支秦军的纽带，也是秦军最薄弱的防御点——运粮甬道。

甬道被攻击，章邯自然要领兵来救。但英布率领的楚军用的是破袭战术，专找秦军的漏洞打，避免与之正面交锋。

楚军在秦军的运输线上指东打西，忽左忽右，打得秦军晕头转向。章邯不得不连续从巨鹿大营抽调兵力南下，保护粮道。如此一来，章邯跟他麾下的巨鹿南营主力在不知不觉间就被楚军调动出来，调去南边。章邯军与王离军就此分开，距离越拉越远。

距离产生了，机会也就来了。

但这时项羽仍不急于进攻，很沉得住气，他在等待英布攻击甬道的效果。

甬道是王离长城军的粮道，攻击粮道就是为了切断王离军的粮食补给。缺粮会严重影响军队的战斗力，对于这一点，不需要质疑，因为几十年前秦赵之间的那场长平大战即是最好的证明。

攻击甬道，不仅是为拉开章邯军与王离军的距离，实现分割秦军各个击破的目的，更重要的是切断王离军的粮道，削弱其战斗力，为接下来的决战做准备。

王离军有二十万人，又是戍守北方的精锐。楚军只有五万，诸侯军虽有二十万，但关键时刻未必肯上，项羽必须想尽一切办法，削弱对方的优势。

项羽想到的办法就是攻击甬道，分割秦军，断其粮道。有计策，还得有人去执行，奉命攻击的英布也未辜负项羽的期望，英布勇冠三军，作战极其勇猛。

英布的攻击应该持续了很长时间，因为小规模的几次袭扰做不到让对方断粮，也做不到让章邯产生误判从而向南退却。

两万楚军在英布的率领下，攻击迅猛，多次大败赶来增援的秦军。在英布的努力下，项羽上述两个目标都实现了。

巨鹿城下的王离军开始缺粮。而遭受攻击的章邯军向南撤退。

《史记·张耳陈余列传》："项羽兵数绝章邯甬道，王离军乏食，项羽悉引兵渡河，遂破章邯。"王离军乏食之后，项羽才率全军渡河。弄清楚这一点至关重要,这是破解王离军失败的关键因素。

与此同时,连遭败绩的章邯军也开始向南撤退,这就要说到章邯的作战风格了。遇到一时难以取胜的强敌,章邯通常会选择先行退却,摆出防守阵形,示弱于敌,一来麻痹敌军;二来等待援军。时机一到,再集中兵力发起反扑,之前与齐、楚联军的临济之战,与项梁的定陶之战,章邯都是这么打赢的。

成功的经验不会只用一次,章邯则是反复用,用反复。这就令项羽找到了规律,从而针对章邯的这个特点,有针对性地制订作战计划。

项羽并不是很多人印象中只会好勇斗狠的莽夫。恰恰相反,他是一个有勇有谋心思缜密的统帅。从巨鹿之战的战前策划、行军布阵,到整场战役的战场指挥,项羽都做得极为出色。

项羽苦等的作战良机,一是王离断粮;二是章邯退却。在英布及两万楚军舍生忘死的攻击下,这两个条件都满足了。项羽这才下达全军渡河的命令。两个条件缺任何一个,项羽都不敢轻易过河。

然后,才有了大众熟知的故事情节,为了表示决一死战的决心,渡河之后,项羽下令凿沉所有船只,砸碎所有釜甑,全军只带三日粮。这意味着不胜即死,项羽此举意在表明决心,那就是要同秦军决一死战。

项羽创造的第二个成语由此而生：破釜沉舟。

很多版本在对巨鹿之战的描述中，对以上关键要素只字不提，要么不知，要么知道但不说，后者的危害往往比前者更大。

为何之后很多人学项羽的破釜沉舟都失败了，就因为他们只看到了背水一战破釜沉舟的战果，却不知在此之前攻击甬道、调动秦军这些重要的前因。

项羽为何只带三日粮？因为楚军的粮草也所剩不多了。更重要的是，留给项羽的攻击时间只有三天。

项羽利用章邯的惯用战术、惯性思维顺势而为，对章邯进行了战术欺骗。章邯以为项羽只是想攻击运粮甬道，进而攻击他。却不知，项羽的真正目标、首要攻击对象是王离的长城军。因为章邯怎么也想不到，只有区区五万人的项羽，敢于主动攻击数倍于他的王离军。

项羽就是利用章邯的想不到及其收缩防守再行反击的战术，主动且大胆地率先渡河攻击兵强马壮的王离军。

章邯还在不紧不慢地布局。项羽却已做好了决战的准备，三天定胜负，三天决输赢。因为攻击开始后，章邯很快就会发现项羽的真正意图，而从发现中计到调动部队北上救援，就算章邯反应机敏动作迅速，至少也需要三天的时间。这三天就是项羽留给自己攻击王离的时间。

攻击甬道，不仅是切断粮道，同时也是切断章邯与王离之间的联系。孤军奋战且人数远少于敌的项羽必须赶在章邯反应过来派出的援兵抵达之前，迅速解决王离军，结束战斗。

项羽在抢时间。因而，渡河之后，他没有丝毫犹豫，以首战即决战的决心、勇气与气魄，率五万楚军向巨鹿城下王离率领的二十万秦军发起殊死冲锋。

此时所有的楚军都明白，此战必须取胜，因为他们已经烧毁了所有船只，砸碎了所有釜甑，仅有三天的粮食，已经没有退路。

巨鹿聚集的是秦军最为精锐的主力部队，而他们是诸侯军最后的希望。

他们胜，则诸侯胜；他们败，则秦军胜。他们胜，推翻暴秦指日可待；他们败，等待六国的将是秦军血腥的报复与屠杀。

背水一战、破釜沉舟的楚军勇气倍增，人人奋勇，个个争先，以舍我其谁的英雄气概，向以虎狼之师闻名的秦军发起殊死冲锋。

两军随即展开极其血腥的厮杀。楚军是诸侯军中的翘楚，而秦军也以实际行动告诉世人，他们之前所有的胜利都是依靠实力，并非侥幸。两支强军硬碰硬地激烈对抗，杀得天昏地暗，风云为之变色，草木为之动容。

此时巨鹿城下并非只有秦、楚两军，之前救援巨鹿而来的诸侯军这时都在城外修筑壁垒、设营扎寨，只是面对强大的秦军，他们不敢出战。

秦楚在城下大战。他们也只敢站在营垒上远远观望，不敢近前，由此又产生一个成语：作壁上观。

战场上，刀剑相击血肉横飞，楚战士以一当十，喊杀之声，声闻数里，诸侯军听得心惊胆战。楚军与秦军连战九阵，九战九捷。秦军渐渐不支，尽显疲态，败象已露。诸侯军见此情景，这才开营出击，加入战团，协助项羽，围攻王离。

这世上总是锦上添花的多，雪中送炭的少。因为锦上添花是顺势而为、有利可图且风险极小，雪中送炭则是逆势而上、前途未卜且风险极大。

见可而进，知难而退，是大多数人在大多数时候的选择，而孤军奋战，知难而上，只有少数意志坚定者才能做到。

王离军之前因为英布对甬道的持续攻击已经缺粮多日，尽管兵力占优，在与楚军连战九阵之后，也已筋疲力尽，只能勉强支撑，诸侯军的突然加入，使濒于崩溃的秦军彻底崩溃。

精锐的二十万秦军，在楚军及诸侯军的持续围攻下，土崩瓦解。大将苏角阵亡，主将王离被俘，将军涉间宁死不降，举火自焚，二十万秦军全军覆灭。主将王离的下场史料未做交代，不过，以项羽的为人作风及性格，王离的结局还是不难预料的。

项羽凭此一战威震诸侯。楚军也因此战声威大震，令各路诸侯慑服。

战后，项羽在楚军大营召见各路诸侯军将领。诸侯将领入辕门时，皆膝行而前，不敢仰视，其震惧敬服如此。

章邯击败项梁，是因为后者的轻敌。章邯败给项羽，也是相同的原因。他怎么也想不到项羽竟然如此可怕，不仅有万夫不当之勇，还有如此过人的胆识与智谋。他低估了项羽的勇敢，更低估了项羽的智慧。付出的代价是大秦的覆亡。当章邯得到王离军败的消息时，想必也是一脸的震惊与不可置信。项羽的突然袭击速战速决，令章邯做出反应的机会都未得到，与之遥相呼应的友军居然这么快就被项羽以摧枯拉朽之势击溃，简直难以置信。

军事威逼 政治诱降——收服章邯

王离军溃,如今只剩章邯孤军在外,独自面对项羽率领的诸侯联军。章邯收拢败兵,收缩兵力,固守棘原,同时派人去咸阳搬请援兵。

这已经是章邯的固有套路了。只要战事不利,章邯就会收缩防守,一面固守待援,麻痹对手;一面整军备战,等待援兵。只要援军一到,就来一个里应外合,暗夜突袭。

但章邯的这个套路,对项羽是不管用的,一是因为这个套路,章邯已经使用过多次了,早就不是秘密,只要稍加留意就能发现这个规律;二是因为项羽是靠脑子打仗的智勇双全的主帅,这从巨鹿之战项羽对章邯进行成功的战术欺骗就能得出结论。项羽才不会上当,他不会给章邯卷土重来的机会。

秦二世三年(公元前207年)二月,项羽率诸侯联军向南渡过漳水,进驻漳南,与据守棘原的章邯形成对峙。在未找到章邯的明显漏洞之前,项羽也很有耐心,按兵不动。虽然不攻,但也不走。

军事威逼 政治诱降——收服章邯

双方对峙一月有余，形势突变，赵军大将司马卬南下攻占河内郡，章邯的后路被赵军封住，他与关中的联系被切断，这下他也被诸侯军合围了。这一次出击相当重要，后来，司马卬就是凭此战功封王。

章邯对被合围其实并不害怕，既然要示弱防守，被围也在预料之中，真正令他紧张的是，与之前不同，这次援兵并未如期而至。

章邯忽略了一个重要的事实，那就是作为秦国本土的关中战争潜力已经损失殆尽。这两年，章邯虽然打了不少胜仗，但伤亡也不小，秦廷已经给他多次补兵，关中兵源早已枯竭，这时已经派不出兵了，仅剩的为数不多的部队还要留下来守卫关中。

即使秦廷不派援兵，以章邯现有的兵力守上一年半载也不成问题，就算被围也不要紧。因为棘原本身就是一座大粮仓，这里原本就是秦军的屯粮之所，并不缺粮。

而且，章邯在防守上很有章法，棘原大营充分利用了山水之险，将地利发挥到极致。棘原西连太行腹地，东接黄河故道，坐拥山水之便，攻守兼备。

在棘原与巨鹿之间，有两条东西走向的河流漳水、洹水，漳水又分出一条向南的小河汙水。

章邯并未全军退守洹水南岸的棘原，而是将全军一分为三，以左翼军据守漳水之南汙水之西，以王离兵团余部驻守漳水南岸与诸侯军对峙，章邯军主力驻守洹水南岸的棘原大本营。

章邯很清楚仅凭洹水防线是守不住棘原的。项羽的攻击力之强，世所罕见。在洹水以北的汙水西岸部署的部队，与棘原大营互为掎角，相互策应，形成多点支撑，可以有效地牵制进攻棘原的敌军，使南下之敌军首尾不能相顾。这种分兵据守，互为依托的布阵，与巨鹿城下秦军的部署极其相似，具有鲜明的章邯风格。

当项羽率军渡过漳水进入漳南时，漳水南岸的王离兵团余部并未阻击而是连续后撤。但项羽并不追击而是与之对峙。

看过章邯的布阵，就清楚项羽为何不南下而是选择当面与秦军对峙了。

如果项羽挥师南下，去进攻棘原的章邯大营，那么据守汙水西岸的章邯左翼军就会趁机渡过汙水从背后攻击，包抄项羽军侧背，从而与南面的棘原秦军对项羽形成南北夹击之势，甚至形成合围。

漳水南岸的王离兵团余部担当的就是诱敌部队，目的就是引诱项羽军南下进入包围圈。项羽看出了章邯的诡计，他明白在清除汙水西岸的秦军之前，不能贸然南下，因此过河之后便停止前进，两军就此形成对峙。史书上说"秦军数却"，说的就

军事威逼　政治诱降——收服章邯

是与项羽当面对峙的秦军王离兵团余部向棘原方向的连续撤退。

但项羽在漳南按兵未动,并未追击。秦军的诱敌部队与项羽率领的诸侯联军就此彻底脱离接触。

项羽并未往章邯设计的口袋里钻,而章邯在汙水西岸的左翼军反而陷入孤立。章邯精心布置的防守反击阵形,在项羽不动如山的对策下被轻松化解。

此时,章邯的兵力分散,再想主动进攻,兵力上不占优势。他也不敢轻举妄动,项羽不动,章邯也不敢动。大家就这么陷入沉寂的对抗,从二月一直相持到六月。

三月,又发生突发事件。刘邦率军进攻开封,击败秦军杨熊部,秦将杨熊败走荥阳,秦二世派使者在军前将杨熊以败军之罪处斩。

秦军主力深陷河北,刘邦趁机西进,直逼荥阳,关中门户洛阳岌岌可危。所以,秦二世急了。他让章邯尽快结束黄河以北的战事,好调主力回防,保卫关中。但此时章邯与项羽两位顶级战术大师,却互相猜透了对方的意图,从而将仗打成相持局面,谁也不敢动,生怕被对方趁机抓住破绽,陷入被动。秦二世让章邯赶紧南撤回防。章邯不是不想回去,而是这个时候已经被拖住回不去了。

两军对峙,秦军却屡屡后撤。令其回援,也不见章邯有所动作。秦二世对章邯越发不满，下诏责问章邯为何战事久拖不决，责令其尽快与项羽接战，并尽快结束战斗，回援关中。

此时章邯也是有苦说不出，因为退却的目的就是进攻，只有将项羽吸引过来，才能实现对项羽的前后夹攻。但章邯的以退为进，秦军连连后撤与项羽军脱离接触的做法，确实很容易让人产生误解，也难怪会遭到秦二世的严厉责备。

章邯知道有必要派一个可靠的心腹回咸阳向皇帝当面解释，澄清误会，否则之前的所有部署、所有努力都将付诸东流。

项羽与章邯相持数月，将二十万秦军主力牢牢拖在黄河以北，为刘邦西进关中创造了条件。如果不是项羽，刘邦入关不会那么顺利。

巨鹿战后，章邯如放弃棘原及时收缩，将二十万大军撤到黄河以南，虽然会丢失河北，但至少能守住荥阳一线，确保关中。章邯的迟疑给了项羽机会，更成全了西进的刘邦。

秦二世要求章邯撤兵，章邯却请求秦二世增兵。这两人的需求南辕北辙，完全不在一个频道上。结果就是秦二世不增兵，章邯也不撤兵。不增兵是因为无兵可派，不撤兵是因为撤不回来。

对章邯而言，最糟糕的还不是不派援兵，而是不被信任。以兵力来说，章邯麾下还有二十余万军队，且都是秦军精锐。虽然诸侯联军在战略上对章邯形成合围，但联军过得未必就比秦军强。

军事威逼　政治诱降——收服章邯

项羽以二十万围章邯二十万，这个包围网的强度可想而知，必定是四处漏风。至于说到粮食，其实，真正缺粮的不是包围圈里的秦军，而是包围圈外面的诸侯联军，特别是楚军。他们缺粮，一直都缺，楚军士兵最担心的就是吃不饱饭。

巨鹿战前，项羽为表示决一死战的决心，下令将所有做饭的釜甑砸碎，全军只带三日粮。为何只带三日粮？因为楚军一直都缺粮。宋义在安阳停留的四十六天，楚军饥寒交迫，根本吃不饱。你以为他不想多带！他也要有才行。

直到与项羽约和，洹水会盟，全军投降，章邯在军事实力上都不落下风。

危急关头，章邯派自己的亲信长史司马欣去咸阳汇报工作，澄清误会，说明自己的作战意图。之前的多次退却，并非兵败，而是诱敌深入之计。但是敌人很狡猾并不上当，自己又被包围，形势危急，不过，自己还有办法。只要朝廷从关中派出援兵，到时里应外合，可以再复制一次定陶之战击败项梁的大胜。这应该就是章邯想表达的意思。但是，司马欣历尽艰险突围而出，好不容易赶回咸阳，却得不到召见，吃了闭门羹。

司马欣在咸阳皇宫的司马门外足足等了三天，却始终未等到皇帝的召见，正是这三天决定了大秦最后的命运。

明明前线军情十万火急，回来汇报的人却得不到召见。司马欣的心情也从紧张焦急变为惶恐。因为这传递出一个十分危险的政治信号，章邯已经不被信任。谁都知道，他代表的是章邯。而章邯是二十万大军的主帅，他麾下的秦军也是大秦最后的一支战略机动部队，秦国仅剩的家底。

可是，皇帝开始不信任手握重兵的将军，对一个正处于风雨飘摇中的国家来说，这是相当危险的。

其实，不是皇帝不召见他，而是皇帝压根就不知道他回来，因为有人对皇帝进行了信息屏蔽。谁这么大的胆，竟敢欺瞒皇帝？在当时秦廷还确实有这么一号人，他就是赵高。当时秦国掌握实权的人就是赵高，连秦二世也被他玩弄于股掌之间。平时，赵高的主要工作就是欺上瞒下、贪赃枉法，虽然他就是学法律出身，连秦二世都是他的学生。秦二世不是个好皇帝，却是个相当听话的学生。

自从继承帝位，秦二世就开始放飞自我，纵情享乐。他老爹一生勤于政事无暇他顾，他把他爹未享受到的都替他爹享受了。他的老师赵高更是投其所好，总是将他的娱乐项目安排得丰富多彩。与此同时，为了避免繁多的政务打扰皇帝的雅兴，赵高经常代替皇帝处理政事。久而久之，秦二世对这种安排很是满意，干脆就将权力下放给赵高。他则腾出更多精力在后宫，与佳人们做些不可描述之事。

军事威逼　政治诱降——收服章邯

秦二世不明白，权柄必须要抓在自己的手上，皇位才坐得安稳，也才能长久地享受佳人们的雨露滋润。政治家交出权力就等于交出自己的人头。

秦二世的怠政，赵高的专权，很快引起以李斯、冯去疾为首的朝臣们的普遍不满。

李斯自私卑鄙，但他也是个有理想有抱负的真小人。眼看山东日乱，国势日危，李斯坐不住了。

左丞相李斯联合右丞相冯去疾、将军冯劫联合上书劝谏秦二世停止修建阿房宫，减少徭役的征发爱惜民力，以平息民怨。

李斯的劝谏成功地点燃了秦二世的怒火，这些都是秦二世最反感的。再加上赵高总是在秦二世兴致正高的时候拿李斯的报告来恶心他。时间一长，秦二世的不满累积到一定程度后，终于对李斯等人起了杀心，当然，这个过程中，少不了赵高在一旁煽风点火，添油加醋，火上浇油。

秦二世下令将李斯、冯去疾、冯劫等人统统下狱。冯去疾、冯劫在狱中自杀。李斯的求生欲最强，死得也最惨。被严刑拷打的李斯挺刑不过，最后不得不承认谋反大罪。他本人被腰斩不算，还被诛杀三族。

诛杀政敌，铲除异己。接下来就是安插心腹，独揽大权。赵高安排弟弟赵成担任郎中令，女婿阎乐为咸阳令。很快，秦二世的身边就都是赵高的人了。秦二世也成为真正的寡人，孤家寡人。

政治的本质在于平衡，对位高权重的大臣一定要有所制衡。秦二世却相反，先后砍去自己的左膀右臂。皇室宗亲本应是他依靠的力量，他却在即位之初，亲自下令处死所有的兄弟姐妹。这等于自断一臂，虽说嫡系血亲，有的时候会对他形成威胁，但更多时候其实也是他的支柱和力量支撑。

李斯、冯去疾，左、右两位丞相都是秦始皇留下的股肱之臣，对秦是忠诚的，虽然这种忠诚也会被私心左右，但大体是靠谱的；能力就更不用说，他们都是辅佐秦始皇统一六国的功臣，就因为劝谏被秦二世全部诛杀，外朝势力遭到重创，秦二世等于又断一臂。

秦二世自己不抓权，又放纵赵高专权，还将能制衡赵高的各大政治势力一一清除。很快，他就将尝到众叛亲离、势单力孤的滋味。

在秦廷，赵高已经是大权在握说一不二的权臣。李斯死后，他就成了丞相。为了验证他对朝廷的掌控程度，赵高又搞出了一个流传很广的小把戏，这就是有名的指鹿为马。

话说有一次，赵高牵了一头鹿走上大殿，说这是臣赵高为陛下献的一匹宝马。秦二世大笑，说您弄错了，这不是鹿嘛，怎么是马？但赵高并未理会秦二世，而是转头问群臣，这是鹿，

军事威逼　政治诱降——收服章邯

还是马。聪明的人都选择默不作声，那些惯于溜须拍马的人赶紧跟上顺着赵高的意思，纷纷赞道，果然是一匹宝马。当然，也有不买账的直言说，这哪里是马，分明就是一头鹿。赵高并未再多说什么，表面上看这不过是一件小插曲，很快就过去了。但真正的报复在不久之后全面展开。那些说是马的，基本都没事有的还被提拔官职；那些说是鹿的，基本都被收拾，丢官降职，个别人还因此送了命。

这件事细思极恐。可以看到，此时赵高已然嚣张至极。秦二世说是鹿，可是，赵高不理这茬，大殿之上当着满朝文武，他连皇帝都可以无视，可想而知，他有多跋扈多嚣张。那些说是马的大臣不是分不清鹿与马，不过是以此向赵高屈服表示顺从。那些说是鹿的大臣也明白这是赵高故意为之，但他们依然选择对抗，知道你要搞事情，但我们就是不服你。

这场事件与马跟鹿其实没关系，大家都知道，真正的意思是站队。赵高想表达的也很清楚，事实并不重要，是马还是鹿，也不重要。他只是想告诉所有人，他的规矩就是规矩。服从的，就提拔；不服的，就除掉。同时，通过这件事，大家也知道了皇帝已经大权旁落。

再说章邯求援。之前的多次增兵，肯定也是赵高同意的。因为章邯的战功也算他的业绩。之前派兵都很积极，这次怎么就消极了呢？原因已经说过，因为秦国本土的战争潜力几乎被榨干，已经无兵可派。可是，仗还要打。

赵高的主要工作就是欺上瞒下，秦二世并不知道战争的形势有多严峻。因为赵高对送达咸阳的战报进行了分类处理，总是哄骗皇帝，报喜不报忧，导致皇帝以为形势不错，还夸他办事得力。这时候如果让皇帝知道，之前的战报都是经过他处理的，秦军早不是之前的连战连捷，现在更是连战连败，岌岌可危，那他的地位也将不保。即使他是权臣，即使他大权在握，但军事失利战败的责任也会让他颜面扫地，不再让人畏惧。

因此，面对司马欣的求见，赵高选择避而不见。这件事，他不能让皇帝知道，只能他来处理。可是，他也没办法：见吧，派不出兵；不见，事情还能再拖。

可是，司马欣不知内情，面对如此情势，他只能往最坏的地方想。接连败北，请求增援当面汇报又不被召见，那接下来肯定就要被收拾了。不久前，杨熊被刘邦击败，秦二世也可以说是赵高的处置就很干脆，派出使者在军中直接将杨熊斩杀。

司马欣越想越怕，是非之地，不可久留，于是他决定立即返回前线。走的时候，司马欣还留了个心眼。他故意未走来时的大道，而是选了一条偏僻小路，就是怕咸阳方面派人来追。事情的发展果然被他料中，赵高得知司马欣不告而别，立即派

军事威逼 政治诱降——收服章邯

人沿大路追赶,因为走错路才未追上。司马欣回到军中将咸阳之行的见闻以及他的遭遇向章邯作了如实汇报。

司马欣告诉章邯,朝廷如今是赵高当权,现在我们就是打赢了,也会被赵高嫉妒陷害,难逃一死;被诸侯军围攻,也是死路一条。将军,您可要想清楚。言下之意,咱们还是投降吧。

素来沉稳,用兵行阵皆有章法的章邯,此时也慌乱了。他也开始动摇,萌生降意。

恰在此时,陈馀的劝降书也送到了。不早不晚,刚刚好。陈馀在信中对章邯说:"白起为将,南征楚国,鄢郢之战,大败楚军,楚国东迁;长平之战,大胜赵军,坑杀降卒,攻城略地,不可胜计。而他最后的结局是被赐死。蒙恬为将,北逐匈奴,拓地数千里,竟也被斩于阳周。这是为何?功多,秦不能尽封,以法诛之。今将军为秦将三年,失亡以十万数而诸侯并起,豪杰日多。功不比白起、蒙恬,而罪过之。赵高用权,欲以法诛将军开脱罪责,使人更代将军。将军久居外,多内仇,有功亦诛,无功亦诛。秦之将亡,贤愚共知。今将军内不能谏杀奸臣,外为亡国之将,情势危矣。将军何不与诸侯联兵,共诛暴秦,王秦旧地,南面称孤!"

这封出自陈馀之手的劝降书,可以说是处处戳中章邯的痛点。当然,这封书信也可能仅仅是以陈馀的名义发出,因为我们都知道，陈馀与张耳闹翻后便率部出走，此时还不知在何处飘摇。但能以陈馀之名劝降，足以说明陈馀在诸侯中的地位与分量。

两位前辈的悲惨下场，人所共知，前车之鉴，不能不引发章邯的深思。兔死狐悲，物伤其类。相比之下，章邯的处境更为险恶，白起、蒙恬有大功于秦，尚且不免兔死狗烹的结局。章邯出兵三年来，虽也屡屡获胜，但如今的形势是连遭败绩，被重重围困。更加之奸佞当朝，不管是胜还是败，他都难逃被算计的命运。

原本想用持久战拖垮项羽的章邯，此时在长史司马欣、都尉董翳的力劝之下，最终还是动摇了。

章邯秘密派人联络项羽，想要与对方谈判。他想以手下的二十万大军为条件，为自己争取未来的地位，谋求更多的利益。项羽一面同意和谈，一面利用谈判之际章邯放松戒备的机会，准备偷袭秦军。

根据双方达成的约定，蒲将军率部从三户津渡口渡河进入漳南。三户津，顾名思义，就是一个只有三户人家的小渡口。在秦军的防守下，楚军的大部队是很难从这里过河的。双方肯定是为此达成协议，在秦军的同意下，楚军得以过河，否则，必遭秦军的半渡而击。

项羽与章邯后来会盟于洹水南殷墟上。此前还在交战的双方，在互不信任的情况下，会盟地点应该就是前线，这里距章邯的大本营棘原不会很远。

章邯的大本营棘原就在今天的河南安阳西北的范家庄。这里地处洹水转弯处，一条小河从漳洹分水岭南坡在此汇入，所以这里不但水量大，而且流速慢是一个理想的码头，从这里上船，顺洹水向东可入黄河，南北交通的大动脉河内广阳道也从此穿过，由此向西还有一条大道穿越险峻的太行山脉，直通隆虑，再往南就是章邯的大后方河内郡。所以，棘原其实是一个水陆交通枢纽。

秦时，此地属河内郡，北与邯郸郡交界，章邯据守于此，不但便于接受河内郡的补给，又可经洹水入清河，将军运粮至巨鹿前线，又能防止叛军由河内广阳道南下，如遇不利还可经太行险道退往河内郡撤回关中。

棘原北面是漳水和洹水的分水岭，为太行余脉，漳水和洹水在山的南北两边，沿山脚从西向东夹山而出，形成一道天然屏障，北岭与南面和西面的太行余脉之间形成一个口袋。

而棘原则正好在袋口位置。这是章邯精心挑选的一个攻守兼备的地形。项羽被迫接受章邯的会盟条件，与章邯所处的有利位置有很大关系。

章邯率领秦军以棘原为中心，充分利用山河之险，精心构筑起一道坚固的防线。章邯正是凭此防线与项羽的诸侯联军相持半年之久。章邯敏锐地看出了棘原的战略价值，才在此地建立大本营。

棘原虽非城邑，但陆路南北沟通华北、豫北两大平原，西连太行腹地，水路东接黄河故道，由此坐拥山河之利攻守兼备，实为上古天下之中，也正是因为以上原因，殷商才选择在附近定都，建立商朝。

项羽施放和谈的烟幕弹，却趁机发起进攻。蒲将军率楚军前锋先行发起攻击，一举击溃防守三户津的秦军，使秦军的汙水防线发生动摇。项羽抓住时机集中楚军主力发动总攻，一举突破秦军重兵防守的汙水防线，彻底掌握了战场的主动权。

洹水北面的秦军再无险可守，只能全部退过洹水固守棘原。楚军随后渡过洹水，将秦军尽数逼至棘原。楚军深入洹水南岸，准备与躲在棘原的章邯的秦军主力进行正面决战。

就在即将大功告成之际，形势又发生逆转。章邯派人来到楚营，表示希望能够按照事前达成的约定会盟。

项羽召集军中众将说："粮少，欲听其约。"将领们的反应出奇的一致：同意。

眼看胜利在望，项羽却选择接受章邯的条件，同意其会盟请求，而将领们也相当支持。这既不是项羽的风格，也不是楚军的作风。此时同意会盟,就等于说项羽接受了章邯的有条件的投降。

项羽为何会做出这个决定呢?原来项羽渡过洹水后才发现对面的章邯依然实力强劲。汙水获胜但疲惫不堪的楚军即将对阵的是二十余万兵精粮足的秦军。章邯在棘原深沟壁垒,这里的防守固若金汤。项羽费尽九牛二虎之力,终于突破外围防线,但此时他才发现中心阵地的棘原更为坚固。

章邯的防守战术就是多点支撑式的纵深防御,即设置多道外围防线,相互依托互为支撑,层层化解敌人的进攻势头,减弱其对核心阵地的冲击,用以争取时间巩固中心阵地,环水结阵固守待援。

对项羽来说,终于杀到了章邯的主阵地,却发现啃不动,这时背水而战的楚军想退都难,因为洹水阻隔,撤退也会被秦军半渡而击。

楚军连战连捷,但战线也越拉越长,项羽进入洹南后,补给线要过漳水,还要过洹水,不但路远,还要跨越两条河流。而章邯在棘原屯有大量粮草,拼消耗输的肯定是项羽。

此时楚军虽然士气正盛,但粮食匮乏转运困难,再也打不起消耗战。

楚军虽接连获胜,却也已成强弩之末。楚军取得三户津之战和汙水之战的胜利后，顺利进入洹水之南。但危机也悄然而至，当楚军从连续击败章邯的狂喜中冷静下来后，猛然发现，不经意间已经进入一个山水环绕的立体防线，钻入章邯精心设计的陷阱。

战线被拉长，楚军的补给会越来越难，前有坚垒，后有大河，如不能速胜就会陷入进退两难的困局。要不了多久，形势就会逆转。

战事拖延下去对楚军不利，趁此连胜之势，对方又主动请降，显然，接受章邯的投降是最明智的选择。

直到投降，章邯其实都还有实力同项羽对抗，但章邯看不到希望，咸阳的秦二世不信任不支持，加上项羽及诸侯军的政治诱降，军事威逼，使章邯意识到再抵抗下去，也不会有好结果，那还不如趁早投降。

章邯在殷墟与项羽相见，正式投降。这对在战场上厮杀多日的对手竟会以这种方式见面，恐怕即使是当事人也未想到。形势变化之快，令很多人始料未及。

章邯面对项羽痛哭流涕，诉说自己的委屈。项羽则表现出既往不咎的宽容态度，对其一番抚慰，随后，即在军中封章邯为雍王。

此时，项羽自己也仅仅是楚国的上将，尚未封王，却优先

军事威逼 政治诱降——收服章邯

封章邯为王,政治意味不同寻常。因为作为楚国的将军,项羽其实是没有权力封王的。有这个权力的人只有楚怀王熊心。而熊心与诸将约定的封王条件是先入关中。项羽为章邯封王,既不符合权力规则,也未满足册封条件。

但项羽依旧这么做了,并未感到有丝毫不妥,似乎这一切都理所应当。项羽如此行事,意在向世人表明,规则是由胜利者制定的。这既是对章邯的收买,也是对熊心的挑衅。

被封王的章邯此时感受到的也未必是喜悦,更多的是身不由己的苦涩。章邯最后不是败于战场,而是败于朝堂。这是章邯身为秦将的悲哀,"有功亦诛,无功亦诛"。战胜项羽又有何益,只会让自己的处境更危险。此时,长史司马欣、都尉董翳都已明确表示支持和谈,自己若要坚持,搞不好就会引发兵变,最后的结果是,章邯不败而败,项羽不胜而胜。章邯出色的军事才能也使项羽心生忌惮,而这也最终影响了章邯的命运。

尽管投降之后章邯很想也很愿意与项羽合作,但项羽对章邯始终是防范多于重用,对章邯充满警惕,从未真正信任过这位降将。

项羽后来决定坑杀二十万秦军的原因,不是项羽对部下将领所说的害怕投降的秦军不听调遣不服从命令,真正的原因就是害怕章邯再次得势,有意削弱其实力。还是那句话,摆得上台面的理由都不是真正的理由,因为真正的理由说不出口。项羽的这个决定毁了章邯,也毁了他本人,最后成全的却是刘邦。

准确地说,章邯不是投降而是起义,项羽与章邯的约定是共同反秦。虽然项羽的棘原之战赢得并不是很光彩,收尾甚至有点尴尬,但他与章邯的殷墟会盟是真正的双赢。章邯不用再担心被清算陷害,项羽在连续取得巨鹿之战与棘原之战的胜利后,亡秦也指日可待。

巨鹿之战是诸侯各国的生死之战。胜则尚有生机,败则坐等覆亡。秦军原本占据优势,但项羽突然杀出带领诸侯强行改写剧本,以少胜多,以弱胜强,使本来居于劣势的诸侯军反败为胜。巨鹿之战成就了项羽的赫赫威名,也使战争形势直接逆转。

然而,秦军在巨鹿之战中虽损兵折将,但章邯军主力尚存,秦国直到此时还有机会。此刻,秦国真正的国之柱石是章邯以及他麾下的二十万秦军。

棘原之战是秦国的生死之战。此战对秦国的重要性远远超过巨鹿之战。章邯投降项羽,等于直接宣告秦国的覆亡。至于后来秦王子婴投降刘邦,不过是履行必要的程序。

棘原之战是秦的落幕挽歌,也是楚汉争霸战争的序曲。

巨鹿之战,王离败亡。棘原之战,章邯投降。秦军最精锐的两大野战军团至此不复存在,秦朝大势已去。

项庄舞剑 意在沛公——鸿门之宴

七月,章邯率二十万秦军投降项羽。

八月,刘邦率军攻破武关,杀入关中。

秦军精锐四十万经巨鹿、棘原两战,被项羽尽数围歼。刘邦又已攻入关中,即将兵临城下。秦朝精兵良将尽折于外,咸阳秦廷欲拒缺兵,欲战少将,亡国在即。对此干政专权的赵高脱不了干系,为了不被追责,害怕遭到清算的赵高发动政变杀了秦二世,立子婴为秦王,去帝号。

九月,子婴诛杀赵高。与此同时,刘邦率军进至蓝田,大败秦军。子婴得知军报,知道大势已去。

汉元年(公元前206年)十月,刘邦军进至霸上。秦王子婴素车白马,系颈以组,封皇帝玺、符、节,降轵道旁,向刘邦请降。诸将欲诛秦王,刘邦说:"当初怀王遣我西征伐秦,以我能宽容。且人已降,杀之不祥。"于是,刘邦允其所请,准其投降。仅仅存在十五年的秦朝就此轰然倒塌,十五年前,奋六世之余烈,席卷六国,统一华夏,称始皇帝,欲传之于万世,何其风光，如今却戚然落幕，何其悲凉。

十一月，沉迷于秦宫美女难以自拔的刘邦被樊哙、张良强行劝回霸上军营。虽然很不情愿，但刘邦最终还是采纳忠言。因为他知道，与美人温存来日方长，而眼下，还有更重要的事等着他去做。那就是收服关中人心。巩固来之相对容易，却未必守得住的胜利战果。

因为刘邦昔日的战友项羽就要来了。

刘邦召集关中父老豪杰，对他们说："父老苦秦苛法久矣！吾与诸侯约，先入关中者王之，吾当王关中。今与父老约法三章：杀人者死，伤人及盗抵罪。余者悉去。吾来为父老除害，非有所侵暴，不要恐惧。且吾所以还军霸上，待诸侯至而定约束耳。"这即是成语"约法三章"的由来。当然，约法三章只是过渡。

刘邦使人与秦吏至各县、乡、邑，告谕秦人。秦民大喜，争持牛、羊、酒食献飨军士。刘邦又推让不受，说："仓粟多，不欲费民。"秦民又喜，唯恐刘邦不为秦王。

刘邦的这些举动为他加分不少，后来项羽则是处处反其道而行之。

十月，刘邦占领咸阳。同月，项羽才率诸侯联军及章邯降军走到洛阳。项羽平定河北之后，最紧要的事当然是率诸侯联军西向入关。章邯八月既已在棘原投降,十月,大军才到洛阳。

为何行军如此缓慢?因为沿途尚有不少地方的秦军未降,需要派兵攻打,更重要的是,新近投降的秦军与诸侯军之间的矛盾日益激化,已经危及整个军队的稳定。

秦军扫平六国,诸侯吏卒成亡国之奴,服徭役屯戍路过关中时,常常遭到秦吏卒的奴役羞辱。

及至章邯率秦军归降诸侯,诸侯吏卒乘胜多以奴仆对待秦兵,对其进行报复,轻则折辱,重至屠杀秦吏卒。秦吏卒多有怨言,私下议论:"章将军等欺骗吾属降诸侯。今能入关破秦,大善;即不能,诸侯虏吾属而东,秦又尽诛吾父母妻子,奈何?"秦兵的不满跟怨言很快就被诸侯知道并上报项羽。

十一月,大军行至新安,由此向西不远就是函谷关。项羽召集英布、蒲将军商议:"秦兵尚众,其心不服,至关不听,事必危。不如击杀之,而独与雍王章邯、长史司马欣、都尉董翳入秦。"于是,楚军当夜坑杀秦卒二十余万人于新安城南。

项羽为何要坑杀秦卒?表面的原因是"秦兵尚众,其心不服,至关不听,事必危"。这确实算一个理由,但以此为由,就屠杀二十万人,显然很荒谬。因为秦兵只是人心不稳,只是小规模的骚动,并未发生动乱,所有的危险其实都是潜在的。

项羽真正担心的是秦兵的统帅章邯。这个人的能力实在是太强了，强到项羽在战场上都很难击败他。章邯在棘原与项羽对峙数月，未落下风。项羽军粮将尽，最后靠着政治诱降，才迫使章邯投降摆脱危机。章邯出色的军事指挥能力令项羽颇为忌惮，心有余悸。

因此，项羽趁章邯来殷墟会盟之际将其扣留带在身边，而以其长史司马欣为秦上将军统领秦军降兵。项羽第一时间将章邯控制，将其与部队分隔开，为的就是使秦军脱离章邯的掌控。

但项羽既然已封章邯为雍王，那就意味着秦地关中要交还给章邯，因为雍王其实就是秦王。从新安西行的下一站即是函谷关，入关之后就是秦国本土，既然秦土要交还，秦兵自然也要交还给章邯。

入关之前，项羽还能找理由将章邯与秦军分别安置。但进关之后，项羽就必须将二十万秦军交还章邯。因为项羽再也找不到扣押章邯不放其回部队的理由。

之前，章邯在后有二世威逼，前有项羽围攻，尚能坚持。如今，章邯率二十万秦军回到秦国故地，就好比蛟龙入海。从实力上，项羽很难再控制住章邯，因为这时章邯的实力甚至远在项羽之上。

项羽是楚国的上将军，章邯是项羽封的雍王。

项羽率领的楚军此时最多不会超过二十万。

章邯统率的秦军则有二十多万，而且回到本土，还能迅速扩军。

项羽此时只是楚将，尚未封土，军队名义上也是属于楚王的。

章邯则已是雍王，拥有秦国故土，是名副其实的秦王。

章邯若率二十余万秦军回到秦土，仍继续忠于项羽，那当然是他期望的。

但章邯入关之后，若是反悔，与项羽翻脸，项羽是很难制住的。因为此时的章邯是本土作战，能力上他与项羽不分伯仲，兵力上双方势均力敌，实力上两军旗鼓相当。

而乱世里，人心难测。尽管后来发生的事证明，章邯对项羽极度忠诚，到死都不肯降刘邦。

但将希望建立在别人的忠诚上，是极度冒险的行为。项羽显然不希望将主动权交给别人，而使自己有陷入被动的可能。以项羽的性格跟行事风格，他是那种要将所有事情都纳入其掌控的人。在他有能力控制的时候，是不会容忍任何事情超出其控制范围的。

项羽不想将二十万秦军交还章邯，但进入函谷关以后，他就再没有扣押章邯的理由，从而不得不归还。

那剩下的办法就是杀降，失去部队的章邯就如同失去爪牙的老虎，想控制就更容易，章邯也只能更加依附于项羽。

为何选在新安下手？因为新安再向西就是秦国门户函谷关，进入函谷关就是秦地，必须赶在秦兵进函谷关之前动手，否则就没有机会了。

但是，项羽聪明反被聪明误，坑杀降卒是他败亡的开始。因为未来最有可能为他挡住刘邦的恰恰就是这个被他处心积虑加以算计跟防备的章邯。

如果项羽不杀降，而是充分信任章邯，将二十万秦军交还章邯，将关中全部交给章邯去守，那么未来刘邦还能不能冲出封锁，杀进关中，甚至仅用数月就杀到彭城，那就真的很难说。

眼看项羽将至，有人向刘邦献策说："秦富十倍天下，地形强。听闻项羽号章邯为雍王，欲王关中，今来，沛公恐不得有此。当今之计，可急使兵守函谷关，以拒诸侯军；稍征关中兵以抗衡项羽。"刘邦深以为然，当即采纳。

如今暴秦已亡，曾经的敌人不复存在；因为利益之争，曾经的战友也就变成了敌人。这个利益就是秦国故地关中的归属。战前，楚怀王熊心与诸将有约，先入关中者为王。而刘邦八月攻入关中，十月攻占咸阳，先于诸侯军入关亡秦。按照约定，应是刘邦称王关中。

但是，当刘邦尚在西征路上，在河北发生了改变各国命运的巨鹿之战。战前,楚国是事实上的诸侯之长,原因也很简单,楚国实力最强。巨鹿战后,项羽一战成名,威震诸侯。他也从楚国上将军一跃而成为诸侯各国共同的上将军。对此,大家都心服口服,因为项羽的威望完全是靠战功取得的。

项羽已经取代楚怀王熊心成为诸侯之长。现在真正能代表楚国的不是熊心是项羽。而项羽也对章邯有过允诺封其为雍王,称王关中。

熊心对刘邦,项羽对章邯,都做了承诺,谁的诺言会被履行呢?这就是当下刘邦与项羽矛盾的焦点,也是不久之后鸿门宴的主题。

刘邦希望按照与楚怀王熊心的约定,在关中称王。秦朝已亡,关中已有新主。刘邦派兵守住函谷关,不准诸侯军进入。刘邦的这种做法,俨然是以关中之主自居。

然而,他的想法很快就被现实否定。因为项羽来了。

项羽率诸侯军来到函谷关前,发现关门紧闭。更令他气愤的是,守关的并非秦兵而是刘邦的部队。刘邦居然敢将他拒之门外,这让项羽大为恼火,当即令英布等人进攻关城。经过一番激战,项羽率诸侯军打进函谷关。

十二月,项羽率诸侯军一路进兵至戏地。面对气势汹汹,大有"兴师问罪"之意的诸侯军,刘邦手下不少人都有大祸临头之感,更有甚者直接出卖刘邦投靠项羽。

刘邦的左司马曹无伤派人告知项羽:"刘邦欲称王关中,以子婴为相,尽有秦国珍宝美人。"

项羽闻言大怒,当即厉兵秣马,准备第二天与刘邦刀兵相见。当时,项羽军四十万,号百万,驻军新丰鸿门;刘邦军十万,号二十万,屯兵霸上。

范增劝说项羽道:"听闻刘邦在乡里,贪财好色。今入关,财物无所取,妇女无所幸,由此观之,其志不在小。吾令人望其气,皆成龙虎,有五彩色,此天子气也。当引军急击勿失良机!"

对范增的提议,项羽不置可否,因为他自有妙计。

当天夜里,项羽季父楚国左尹项伯,离开鸿门楚军大营,策马奔驰,一路飞奔来到霸上汉军营地。项伯此来是要见一个人——张良。因为他与张良素有交情,是旧交好友。

见到张良,项伯将项羽次日要进攻刘邦的计划和盘托出并劝张良同他一起逃走,不要留在刘邦身边等死。张良说:"我为韩王送沛公。沛公有难,亡去不义,不可不语。"

于是,张良走入刘邦大帐,将项伯所说之事具告刘邦。听闻此事的刘邦大惊失色。这时,张良问刘邦:"您料麾下士卒足以当项羽乎?"刘邦默然:"固不如也。为之奈何?"张良说:

"请就此对项伯言明,说您不敢与项羽为敌。"刘邦说:"君与项伯有故?"张良说:"秦时,项伯与臣游,尝杀人,臣活之。今事有急,故来相告。"刘邦问:"项伯与君孰长?"张良答:"项伯年长于臣。"刘邦当即对张良说:"君为我请项伯进帐一叙,吾当以兄事之。"

张良出,邀项伯进帐;项伯起初不肯,在张良再三恳请下才答应。项伯随张良入见刘邦。

刘邦亲奉卮酒为寿,与项伯约为婚姻,说:"吾入关,秋毫不敢有所犯,籍吏民,封府库而待将军。所以遣将守关,备他盗之出入与非常也。日夜望将军至,岂敢反乎!愿具言臣之不敢倍德也。"项伯许诺,谓刘邦:"明日一早当自来军营谢罪。"刘邦当即允诺。

于是,项伯连夜赶回楚军大营,具以刘邦之言禀报项羽。项伯劝项羽同意刘邦明日一早来军营谢罪。项羽的反应如何?项羽允诺。他同意了。

这是鸿门宴前一晚发生的诡异事件。说它诡异,是因为,这件事从头至尾都透露着不同寻常。

首先,项羽当晚宣布,次日一早与刘邦开战,这是重大军事行动。双方兵力数十万,一旦开战必将是一场大战,矛盾的是,既然是大战,必然要做好准备,而今日下令次日开战,明显来不及备战。数十万大军做战前动员跟调动也要很多天。再看看之前巨鹿大战时项羽的分兵派将，细致缜密，极有章法。如今，要与刘邦开战，又怎会如此草率！

再者，既然是时间仓促，必然是要攻其不备，进行突袭。突袭最重要的就是保密，一旦被对方提前得知，就达不到突袭的效果，反而会陷入极度危险被动的局面。项伯作为楚军的重要成员，却因为私人交情，将情报提前泄露给张良，难道他未想过，张良可能会将情报告知刘邦吗？情报泄露，将置楚军于多么危险的境地，他难道不清楚吗？项伯显然是清楚的，但他依然选择这么做。

最后，项伯回到楚营第一时间将他去汉军大营通报消息的事告知了项羽。而项羽的反应颇耐人寻味。按常理，战前泄露军情是重罪，即使不处死，也应受重罚。但泄露军机的项伯未受到任何处罚，反而是项羽，不但未对项伯进行处罚，还在后者的建议下，接受了刘邦认错赔罪的请求。

综合以上种种反常现象，只能得出一个结论，所谓"飨士卒，期旦日击沛公军"只是项羽的虚张声势，目的是迫使刘邦交出关中，让出利益。

项羽与刘邦现在最大的矛盾是对关中的归属存在争议。刘邦认为关中是他的，理由是他入关在先，按照约定，他才是关中之王。但项羽已经允诺将关中封给章邯。

刘邦居然敢据有关中，还想称王，这才是项羽愤怒的原因，也是项羽认定的刘邦的"罪状"。而项羽从项伯那里知道，刘邦肯"认错"，愿意"认罪"。得知刘邦的态度后，项羽再也不提兴兵开战的事儿了，而是一心一意开始筹备次日的鸿门宴。

至于刘邦如何认错，如何认罪，那就要看鸿门宴上刘邦的态度以及宴会后刘邦的具体行动了。

其实，刘邦的态度不难看出，不要被《史记》记载的具体过程误导带偏，刘邦答应赴宴，本身就是一种态度，那就是认错、妥协。

项羽希望不战而屈人之兵，兵不血刃，迫使刘邦听命于他，交出关中。扬言起兵开战，只是制造声势，向刘邦施压。但这件事，项羽本人不便亲自出面，必须要有人从中带话、传话。

项伯是项羽选定的传话人。项伯是项羽的代表，刘邦这方面的代表就是张良。

当项伯出现在汉军大营，向张良说出项羽所谓的开战计划时，张良就明白了项羽的意图以及项伯此行的目的。

所以，张良将项伯的到访告知刘邦后，首先问的是，您的军队打得过项羽吗？这句话的潜台词是，您要是觉得打得过，咱就跟项羽开战。但要是打不过，咱就得研究如何与项羽周旋，说得再直白点，就是如何暂时妥协。

刘邦很清楚周旋、妥协意味着要将辛苦打下的关中拱手让人。他虽心有不甘，但现实是，他现在又确实打不过项羽，那就只有妥协了。这对刘邦是一个艰难的决定。

刘邦在片刻犹豫后，还是决定向现实妥协，承认此时不是项羽的对手。那么接下来刘邦、张良商议的就是如何退让以及怎么体面地妥协。后面的鸿门宴，要不是范增节外生枝，搞出一个"助兴"的舞剑节目，其实一点也不重要，一点也不危险，因为宴会只是做最后的确认走个过场，重要的议题在会前就已经决定了。

第二天，刘邦仅带百余人来赴鸿门之宴。因为举办宴会的地点在项羽的军营驻地新丰鸿门，所以，历史上管这次宴会叫鸿门宴。鸿门宴，应该是中国历史上知名度最高的宴会了。因为刘邦在这场宴会上的"冒险"经历，被浓墨重彩地大加渲染而广为人知，鸿门宴被赋予了不同寻常的意义。

刘邦见到项羽殷勤致意，接着就是当面认错谢罪："臣与将军勠力而攻秦，将军战河北，臣战河南。不意竟能先入关破秦，得复见将军于此。今者有小人之言，令将军与臣有郤。"项羽说："此沛公左司马曹无伤言之，不然，籍何以至此！"

项羽因留刘邦饮宴。宴席上，范增多次以眼色示意项羽赶紧动手，见项羽不为所动，直接举起佩饰玉玦再三暗示。项羽依然默然不应。

事情到此，其实已经很明白，也很清楚，想杀刘邦的人是范增。鸿门宴，刘邦确实遇到了危险，危险来自于范增。

因为范增会错了意。项羽对他的刺杀建议的确没有反对，但是也未同意。项羽的暧昧态度，使范增以为他的行动得到了默许，这才在鸿门宴上使出浑身解数，必要置刘邦于死地而后快。

见项羽迟迟不做应答，范增便自作主张，自己指挥对刘邦的刺杀行动。范增起身走出大帐，召来部将项庄，对他说："君王为人仁慈，不忍下手。你待会儿进帐祝酒，然后以剑舞近身，击杀刘邦于坐上。今日不杀刘邦，他日我们都要做他的俘虏！"

项庄允诺依计而行，进帐祝酒已毕，说道："军中无以为乐，请以剑舞助兴。"项羽曰："诺。"得到许可的项庄遂拔剑起舞，步步逼近刘邦。项伯见状即知其意，当即也拔剑起舞，以身护住刘邦。项庄有意刺杀，可是有项伯在场，他找不到下手的机会。

张良见此情景，再也坐不住了，走出大帐到军门找樊哙。因为樊哙的级别不够只能在帐外等候。此时樊哙还不知大帐中发生的事情，见到张良忙问："今日之事如何？"张良焦急地说：

项庄舞剑　意在沛公——鸿门之宴

"今项庄舞剑，其意常在沛公。"成语"项庄舞剑，意在沛公"即出于此。

樊哙听说刘邦有危险，当时就急了。因为刘邦不仅是他的上级，还是他的连襟。樊哙说："情势紧急，臣请入帐，与之同命！"

樊哙立即带剑拥盾而入。军门卫士上前阻拦，樊哙侧盾撞倒卫士，直接闯入。樊哙见到项羽，瞋目而视，怒发冲冠，目眦尽裂。

樊哙突然闯入，又是这副要拼命的表情，自然引起项羽的警觉。项羽按剑而跽问道："客者为谁？"张良赶紧上前说明："此沛公之参乘樊哙也。"项羽说："真壮士也！赐酒！"侍从递过一卮酒。樊哙拜谢，起身，直立而饮。项羽又吩咐道："赐之彘肩！"随从不知何意，将一个生猪蹄扔给樊哙。只见樊哙覆盾于地，将生猪蹄放在盾上，拔剑切肉而生啖之。

项羽说："壮士还能再饮吗？"樊哙说："臣死且不避，卮酒安足辞！夫秦王有虎狼之心，杀人如不能举，刑人如恐不胜；天下皆叛之。怀王与诸将约曰：'先破秦入咸阳者，王之。'今沛公先破秦入咸阳，豪毛不敢有所近，还军霸上以待大王来……劳苦而功高如此，未有封侯之赏，而听细说，欲诛有功之人，此亡秦之续耳，窃为大王不取也！"

显然，以樊哙的文化讲不出这么有水平的话，这番说辞很可能是张良授意。更重要的是，樊哙说的是刘邦的词儿。正如项羽想要迫使刘邦顺从交出关中，但他自己不便出面，由项伯通过张良传话给刘邦。刘邦对项羽不履行约定还要篡夺他的胜利果实的行为，也是极为恼火、大为不满，但这话他也不好当面说，只能借他人之口，婉转地表达他的态度，发泄他的怒火。

项羽与刘邦的交流，只能通过第三方与第四方传递转述，只有如此才能避免尴尬，在保存颜面的同时又能表达自己的诉求。就如张良、刘邦知道项伯来汉营是代表项羽提要求，项羽也知道，樊哙的慷慨陈词是代表刘邦向他表达不满。

对樊哙的发言，项羽未做正面回应，只说了一个字："坐！"樊哙这才挨着张良坐下。很多人以为，项羽是被樊哙的生猛气势震慑住了。其实不然，项羽未做回击，不是怯懦，而是完全没有必要。

因为这场宴会就是个形式，这是刘邦的认错谢罪仪式。刘邦不在战场上而是在会场上出现，就已经表明了他向项羽妥协退让的态度跟立场。关中都已经要交出去了，服从的姿态已经做出。此时再说多硬气的话，也改变不了退让的事实。刘邦看似在场面上占优，其实不过是受到委屈后的发泄。赢了面子，却输了里子。刘邦以樊哙之口，用最狠的话认最大的输。关中

项庄舞剑 意在沛公——鸿门之宴

秦国故地，一战未打，就这么交出去，确实是刘邦起兵以来最大的挫折。项羽看似场面被动，其实不过是占到便宜后的容让。输了面子，却赢了里子。占了人家这么大的便宜，还不让人家发泄一下，那就有点说不过去了。

气氛尴尬的宴会还要进行，又喝了一会儿酒，刘邦起身如厕，趁机召樊哙一起出来。樊哙建议不辞而别，是非之地不可久留。刘邦当然也恨不得立刻就逃离这里，但还是有些顾及面子，就这么偷偷摸摸地溜走似乎不大体面。刘邦如今也是有身份的人了，很在意面子。

刘邦有些犹豫，说道："尚未告辞，恐有失礼？"刘邦有所顾忌。但樊哙的一番话瞬间就消除了他的顾虑。樊哙说："方今人为刀俎，我为鱼肉，何辞为！"

樊哙说得很直白，楚营就是案板，我们就是案板上的鱼肉，项羽跟范增就是剁鱼肉的刀。咱们的死活完全掌握在人家手里，性命攸关，您还在意啥面子呀，赶紧逃命才最要紧。

刘邦一听，此话有理。于是，刘邦一行也顾不得礼仪，不告而别急匆匆逃离楚营。鸿门去霸上四十里，刘邦走的时候未坐车，而是骑马，樊哙、夏侯婴、靳强、纪信四人持剑执盾步从，只留下张良向项羽辞行。

张良估算路程刘邦已经回到霸上，这才进帐辞谢："沛公不胜杯杓，不能辞，谨使臣良奉白璧一双，拜献将军足下；玉斗一双，拜奉亚父足下。"项羽问："沛公安在？"张良回答说："闻将军有意督过，脱身独去，已至军矣。"项羽受璧，置之坐上。范增受玉斗，置之地上，拔剑撞而破之，曰："唉！竖子不足与谋！夺将军天下者，必沛公也。吾属今为之虏矣！"

刘邦回到军中，立即杀了曹无伤。很多人以为，鸿门宴是刘邦的胜利、项羽的失败，真相恰恰相反。正如前面所说，胜负输赢在开宴之前就已经决定了。实力占优的项羽以武力相威慑，迫使刘邦将已经吃到嘴里的肉再吐出来，兵不血刃，夺过亡秦的胜利果实，不战而屈人之兵，将兵法的精妙之处用到极致。

项羽原本就未想过要杀刘邦。如果他想杀，刘邦根本逃不出去。本来刘邦也认为此行没有危险，他才敢只身犯险，仅带百余人与独自一人在数十万人的楚营，其实没有区别。而且，刘邦答应赴宴，已经使项羽得到期望的答案。项羽实在没有必要在对方准备认错并交割关中的时候杀人。

但偏偏半路杀出一个范增，将局面搅乱。好在项羽的控场能力够强，宴会在尴尬的气氛中继续进行，总算未闹出大乱子。

在整个宴会上，项羽始终都掌控着主动权，刘邦有何表现几乎看不到，仅有的高光时刻，也是借樊哙之口表达愤愤不平之意。这番控诉，可以理解为刘邦对项羽的抗议。

但在暴力强权面前，抗议有用吗？事实很快就给出了回答。

鸿门宴结束数日后，项羽引兵西进，屠咸阳，杀秦降王子婴，火烧秦宫室，大火三月不熄。诸侯军大掠货宝妇女而东。秦民大失所望。

大失所望的当然不只秦民，还有刘邦。

本该拥有的都被夺走，项羽在本属于他的土地上杀人放火，刘邦很愤怒。刘邦也很委屈，可是在实力不如人的情势下，只能打落牙齿和血吞，眼睁睁地看着项羽，屠咸阳，烧秦宫。这些都发生在鸿门宴之后，至少到目前为止，赢家是项羽。但项羽也仅是暂时的赢家。

刘邦在鸿门宴上，仅有的胜利只是虎口脱险，逃得性命。

而清楚事情真相的我们知道，不是刘邦在鸿门宴上有多机智，有多幸运，是项羽根本未打算在鸿门宴上杀刘邦。想杀刘邦的人是范增，而范增的所有行动都是自作主张，都被项羽限制住。

鸿门宴上，项庄是范增计划的执行者，但项庄的行动受到阻挠，阻击他的人是项伯。项伯是鸿门宴前后作用远远大于范增的人，他是项羽与刘邦之间的传话人，也是项羽计划的执行人。表面上，项伯是保护刘邦，实质上，项伯是代表项羽阻止范增计划的重要知情者。范增跟项庄都是局外人。项羽才是幕后的策划者，项伯才是项羽的心腹。

项羽为何不想杀刘邦？因为时机未到。项羽跟刘邦自从分道伐秦，便走上不同的道路，特别是刘邦先于项羽入关亡秦之后，他们就已经从并肩作战的战友，变成你死我活的仇敌。

本来先入关中的刘邦已经抢占先机，后来的项羽其实已经陷入被动，因为有先入关中者为王的约定。

但是，项羽仅仅用一场鸿门宴，就不动声色地夺回主动权，而这些都需要刘邦的配合才行。

鸿门宴，其实才是项羽的巅峰，项羽将兵法的最高境界，不战而屈人之兵，用到炉火纯青的程度。而这场鸿门宴，其实是刘邦的人生低谷，本来已经妥协，谁承想还有人要在宴会上结果他的性命，狼狈逃出还是避免不了被欺压的命运。

鸿门宴是项羽的人生高峰，但不是顶峰。

鸿门宴是刘邦的人生低谷，但不是谷底。

项羽在高峰，但还未升到顶。

刘邦在低谷，但尚未跌到底。

项羽的高峰之高，与刘邦的低谷之底，将同时出现在戏下分封之时，戏下分封，项羽有多得意，刘邦就有多失落；项羽有多风光，刘邦就有多落魄。

项庄舞剑　意在沛公——鸿门之宴

项羽此时虽是事实上的诸侯之长，但名义上只是楚国的上将军，其他随他入关的诸侯将领，很多在本国也有国君。

亡秦只是序幕，接下来如何重新制定秩序，确保自己的胜利果实得到合法的确认，才是关键，才更重要。

在此之前，刘邦军也是众多诸侯军之一。

在重新划分利益之前，千万不要内讧，千万别出乱子。即使要杀刘邦，也必须在合法地划分利益之后。这个合法的利益划分，即是由项羽主导的戏下分封。

还记得刘邦军进关中时的场景吗？士兵们竞相奔向府库，抢夺金银财帛，刘邦则直奔后宫去拥抱他的美人。这个时候，大家的心思都在如何抢夺战利品上，大家是没有心思打仗的。

诸侯军入关之后，士兵们关心的也是金银财宝，将领们关注的也是战后利益。即使是项羽，也不敢在这个时候违逆众意，也只能因势利导。

既然刘邦愿意交出关中，交出财帛，那至少暂时可以放过。大家有得分，就不会闹事。

即使项羽想打刘邦，诸侯军也未必愿意。因为项羽率领入关的四十万人是联军，大家虽然因为项羽的战功以及威望，愿意听其号令服从指挥，但也要看情况、看场合。

在大家最不想打仗的时候，主动挑起战争，逼着大家去打仗，是一件十分危险的事情。项羽只是勇猛并不鲁莽，他还是分得清主次的。

在利益划分清楚之前，项羽是不会杀刘邦的，因为战后秩序的制定，远比杀刘邦重要得多。

很多人认为项羽在鸿门宴上不杀刘邦，错过机会，那是因为他们知道结局。站在项羽的角度，刘邦确实是最强劲的对手，未来最危险的敌人。但对这时还是楚国上将军的项羽而言，此时还有比杀刘邦更重要的事儿等着他去做。这就是戏下分封。项羽想做上将军，但他更想做楚王。

如何实现身份上的转变，如何实现阶层跨越，当然要靠自己的奋斗，项羽通过巨鹿之战确立起自己在诸侯中的地位，但这种地位必须经过程序上的确认，才能实现身份上的正式转变跟确立。戏下分封，就是项羽要实现身份转变与阶层跨越的关键。

戏下分封 大封诸侯——西楚霸王

战后利益如何划分，战后秩序如何确定，从程序而言，要由楚怀王熊心决定，因为他是诸侯之长，也是项羽名义上的上级。以实力而论，当由项羽决定，因为他是事实上的诸侯军主帅，更是楚军真正的统帅。

项羽在火烧秦宫完成复仇后，即派人回到楚国报捷，同时"请示"关中归属以及战后秩序的建立。

楚怀王熊心的答复十分简明，只有两个字："如约。"

看似简明，其实一点也不简单，仅仅只是两个字，却足以激怒项羽。

因为这不是项羽期待的答案。

项羽期待的答案，熊心是知道的，但他宁肯触怒项羽，也不肯说出来。此时的形势是臣强君弱。楚怀王熊心这么做的后果，就是死亡。也就是说，熊心明知触怒项羽必死无疑，却宁可死，也不肯妥协。

因为熊心知道，即使妥协，等待他的也是必死的结局。

戏下分封　大封诸侯——西楚霸王

这个结局在他北上夺权的时候就注定了。在他剥夺项羽兵权，提拔宋义压制项羽的时候就确定了。

项羽杀宋义之时，就已经同熊心决裂了。项羽得胜之日，即是熊心死期到来之时，项羽败，他尚有生机；项羽胜，他就死定了。

既然妥协是死，不妥协也是死，都是死，那还不如死得更悲壮一些，与其唯唯诺诺委曲求全地慢慢等死，还不如直接壮烈地死去。

项羽得到答复果然大怒："怀王，吾家所立，非有攻伐之功，何得专主约！天下初发难时，假立诸侯后以伐秦。然身被坚执锐首事，暴露于野三年，灭秦定天下者，皆将相诸君与籍之力也。怀王虽无功，固当分其地而王之。"诸将皆曰："善！"项羽的提议得到诸侯众将的强烈支持，因为这个时候，他们的利益是高度一致的。

以楚怀王熊心为首的六国封建贵族，一心想恢复的是秦统一之前的政治格局。复国之后，六国贵族，依然是贵族。他们允许改变的只有关中的秦国。诸侯众将升级为王的名额只有一个，那就是关中之王。六国要保持原有的贵族政治不变，等于所有的诸侯将军要是遵循这个规则，就只能去卷那一个名额。

但是，正如项羽所说，推翻秦朝的是他们这些被坚执锐暴露于野三年的将军。他们才有权力更有实力，决定战后的国际秩序。

尽管内心十分愤怒，项羽还是决定抬举熊心，助其更进一步，不要做楚王了，去做义帝。

汉元年（公元前206年）正月，项羽尊楚怀王为义帝，并特别说明："古之帝者，地方千里，必居上游。"于是，成为义帝的熊心被送到江南，以郴为都。

二月，项羽在戏地大封诸将为王。首先封的就是项羽自己，项羽自立为西楚霸王，王梁、楚九郡之地，都彭城。

秦始皇初并六国，分天下为三十六郡，后陆续又有增设，至四十余郡。而项羽对自己是真的好，一下就分去四分之一，原楚国及魏国的膏腴之地，基本上都被项羽尽数封给了自己。

项羽既是主封者，又是受封者，遇上分地这种好事儿，当然不会亏待自己。既当裁判员，又当运动员，两边的便宜都要占。项羽算是把这套规则给玩明白了。对这种明显有违公平原则的分封，诸侯众将纷纷表示没有意见，如此分封很合理很合适。

项羽见大家没有异议，表示你们这么通情达理善解人意，我很欣慰。然后，项羽示意部下，帐外的刀斧手可以退下了。

项羽对着在场众将一再表示，这次分封一定要做到公开公

戏下分封　大封诸侯——西楚霸王

平公正。大家有不同的意见可以提嘛，可以提。众将望着远去的刀斧手也再三表示，坚决服从安排。对项羽做西楚霸王之事，诸侯众将也都表示，这是众望所归，人心所向。项羽满意地点点头。

项羽为何要尊他的政敌熊心做义帝，因为他自己要做楚王。而且，项羽的王与别人都不同。别人只是王，只有他是霸王。从整个戏下分封的过程看，项羽确实是名副其实的霸王。

项羽如愿以偿成为西楚霸王，王梁、楚九郡之地，是诸侯中最大的王，也是实力最强的王。

接下来讨论的就是刘邦了，因为刘邦是诸侯中实力仅次于项羽的将领。

在分封刘邦这件事上，项羽也是颇花了一番心思的。用心程度，也仅次于他自己。

项羽十分清楚刘邦的诉求，想做关中王。正因如此，偏偏不能让他如愿。但刘邦又的确是诸侯中最先入关的，依照与楚怀王熊心的约定，刘邦应该被封在关中。这令项羽感到特别为难，虽然项羽从未将熊心视为真正的楚王，两人关系之紧张，也是众所周知，项羽是不会将熊心的约定放在心上的，但当着众多诸侯将领的面，该走的流程还是要走，该给的面子还是要给。

最后，项羽经过与范增等人的商议，决定将刘邦封在巴蜀。范增对项羽说："巴、蜀道险，秦之罪人皆发配蜀地。不如将刘邦封于蜀地。"项羽当即批准，范增此言，正合其意。

当时，蜀地偏僻险远，与关中有重山阻隔，与中原更是相去千里。虽然蜀地本身沃野千里，是水旱从人的天府之国，但相对中原，依然是闭塞、封闭跟落后的。

项羽耍起流氓来，还是很流氓的。项羽告诉刘邦，从广义上讲，巴蜀也是秦地，在理论上说，巴蜀也是关中，将你封在巴蜀，也是履行约定。于是，刘邦受封汉王，王巴、蜀、汉中，三郡之地。

蜀地险峻远离中原，等于天然的大监狱。项羽这招相当狠毒，他是打算将刘邦困在蜀地。蜀道艰险，进去都不容易，想出去就更难了。众所周知，蜀道之难，难于上青天。

为了将刘邦彻底封堵在蜀地，项羽还很"贴心"地在巴蜀这个大监狱的外面安排了三个强悍的狱卒。这三个看守分别是章邯、司马欣跟董翳。

项羽将刘邦心心念念的关中之地一分为三，分别封给秦军的三位降将。章邯封雍王，王咸阳以西，都废丘。司马欣劝降章邯有功，封塞王，王咸阳以东至黄河，都栎阳；董翳劝章邯降楚，封翟王，王上郡，都高奴。关中也因此被称为三秦大地。

戏下分封 大封诸侯——西楚霸王

项羽以三王守关中，防的就是刘邦。这等于是在关押刘邦的牢狱大门上又加上三把锁。

西楚霸王项羽霸道地将魏国的膏腴之地淮泗以北的东郡、砀郡据为己有，然后将原来的主人魏王豹封为西魏王，顾名思义就是西部魏地的王。魏豹尽管不情愿不高兴，但终究还是得服从命令，前往河东郡他的西魏国都城平阳。

赵将司马卬因攻占河内郡，封堵住章邯退路有功，封殷王，王河内郡，都朝歌。项羽立殷国，其目的是瓦解魏国，因为河内郡原属魏国。

经过项羽的分封，作为中原传统大国的魏国遭到极大削弱，原属魏国的东郡、砀郡归楚，原属魏国的河内郡另设殷国，留给魏王豹的只剩下河东郡与上党郡。

申阳是张耳麾下大将率先攻下秦三川郡立有军功，又迎楚军于河上，之后随项羽入关，被封为河南王，都洛阳。后来，刘邦兼并河南国，以其地为河南郡。项羽立河南国，其目的就是肢解韩国，因为三川郡原属战国时的韩国。

韩王成本就是韩国宗室复国，仍因故都，都阳翟。韩国在战国时便土地狭小，国力在七国之中仅在燕国之上，虽处天下之中，位于中原腹地，但只有颍川郡与三川郡。项羽直接将其一分为二，以三川郡立河南国，只留一个颍川郡给韩国，使原本就国力孱弱的韩国更加弱小，整个韩国也只有一个颍川郡。

赵王歇则被项羽从赵国赶走，去代北做代王。虽然这时的代国拥有代郡、太原郡、雁门郡、云中郡四郡之地，国土广袤，但这里地处北境，与匈奴为邻，地广人稀，边地四郡未必抵得上中原一个大郡。原本在邯郸做赵王，这下却要到塞北苦寒之地做代王，赵歇当然不愿去，但在巨鹿之战见识过项羽声威的他，不敢不去。

赵相张耳因为人脉广朋友多，虽是个饭桶，但会奉承阿谀，最关键的是他也追随项羽入关，虽未立功，但人家会叫大哥。项羽对他的印象不错，于是立张耳为常山王，王赵地，治襄国。

原燕王韩广改封辽东王，王辽东、辽西、右北平三郡。韩广的待遇与赵歇如出一辙，也是被项羽逼迫，强行搬家，将原有的王位国土让给曾经的部将。韩广受封的三郡都是原燕国郡县。

燕将臧荼从楚救赵，又随项羽入关，于是项羽立臧荼为新燕王，王上谷、渔阳、广阳三郡，都蓟。臧荼的都城蓟城即是原燕国国都，其所封三郡也原本就属燕国。项羽的分封等于是将燕国也一分为二，一半给旧主，一半封新君。项羽在分封上，对赵、燕两国的处置完全相同，驱逐旧主，迎立新君。

常山国也就是赵国换个名称，赵相张耳因随项羽入关，身份抬高，摇身一变，变成常山国的国君。

燕国得以保留，国君却换人了。燕将臧荼以随项羽入关有功，被项羽立为燕君。赵歇忍气吞声去代国赴任，韩广却赖在燕国不走，结果就是被昔日的部将臧荼所杀。既然不想去，那就不用去了。辽东国当然也就被臧荼并入燕国。

从项羽对韩、赵、魏三国的分封，明显可以看出，项羽对旧日诸侯的仇视压制以及对随他入关亡秦的诸侯将领的扶持关照。诸侯将臧荼对旧君韩广做的事情，就是不久之后，项羽将要对义帝熊心做的。

项羽为何支持张耳、臧荼，因为在逐旧迎新这点上，他们的利益是一致的。熊心的先入关中者为王，看似给诸侯将以出路，实际却是将上升之路封闭，因为入关称王的名额只有一个。这种自私且愚蠢的行为激怒了真正战斗在前线的以项羽为首的诸侯军各将领。

项羽的戏下分封就是以实际行动推翻以熊心为代表的六国旧秩序，建立以项羽为中心的诸侯将全面掌权的新秩序。

封申阳为河南王，立河南国。封司马卬为殷王，立殷国。既是以诸侯将为王，同时又能最大限度地削弱韩、赵、魏等六国，一举两得。

逐旧立新，削旧强新，是项羽戏下分封的主导意识。相比于对三秦刘邦的分封以及对楚系诸侯的分封，项羽对韩、赵、魏的分封，反而更能体现他分封的思想，也是戏下分封的初衷。

原齐王田市改封胶东王，都即墨。齐将田都从楚救赵，又随项羽入关，立田都为新齐王，都临淄。项羽渡河救赵之际，田安下济北数城，引兵先归项羽，立田安为济北王，都博阳。

田荣之前不愿出兵致使项梁败亡，又不肯将兵从楚击秦，作为惩罚，未做分封。

成安君陈馀弃将印负气出走，不从项羽入关，也不封王。这时有人劝项羽："张耳、陈馀皆有大功于赵，今独封张耳，不封陈馀，恐怕不妥，必生是非。"项羽知陈馀在北方素有名望，能力又强，还是要安抚一下，听说陈馀在南皮，便将南皮附近三县封给陈馀。

田荣在齐，陈馀在赵，都是最强的实力派，然而在项羽的戏下分封中却将他们选择性忽略，原因是他们未随项羽入关，而这是项羽分封的最重要的条件之一。革命要趁早，因为排位会靠前。重要的战役更要亲历其间，因为这是日后封赏的资本。

只是这个世界终究还是要靠实力，虽然项羽故意对田荣、陈馀置之不理，给陈馀的三县之地甚至是带有一点羞辱性的，但二人依然凭自身的力量，推翻项羽的分封，田荣驱逐项羽所封之王，自己成为齐王。陈馀也凭三县之众加上田荣的援助，

戏下分封 大封诸侯——西楚霸王

成功驱逐张耳迎回赵王歇。

正是项羽故意冷落的田荣跟陈馀掀起反对项羽的浪潮，这股巨浪也是戏下分封体系崩塌的开始。

戏下分封仅仅维持数月便开始系统性的崩塌，于是，有说法据此认为，项羽的戏下分封是极其失败的。有这类想法的，其实并未真正弄懂项羽戏下分封的精髓。

项羽对战后的布局都体现在这套他亲自主导的分封体系之中。项羽是这场分封最大的赢家，不仅因为项羽占据梁楚九郡，在十八路诸侯中，国土最广，实力最强，还在于他设计的体系中楚系诸侯也占据重要位置。

在巨鹿之战中立下大功的英布身为楚将，勇冠三军，常为先锋，又是亲信，项羽遂封英布为九江王，立九江国，王九江郡、庐江郡，都六县。番君吴芮率百越北上参与反秦，又追项羽入关，于是封吴芮为衡山王，立衡山国，都邾。楚国柱国共敖攻取南郡，功多，封临江王，立临江国，王南郡，都江陵。此三人皆出自楚国阵营，受项羽所封的楚系诸侯，他们三人立国受封之土皆是楚地。临江、衡山、九江，从西向东一字排开，横跨长江两岸，占据楚国旧疆。

项羽之所以称西楚霸王，是因为他的封国主要在西楚，也有东楚。而项羽所封三位楚系诸侯的封地则尽在南楚。

也许有人会问，项羽的楚国明明在华夏的东部，为何称西楚，以方位来说，不是应该叫东楚霸王更合适吗？会这么认为的人，是站在当今的视角去看古人。

首先西楚还是东楚，它的指向范围就不是整个华夏，而仅仅是指楚国。

秦汉之际，去战国不远，在当时人的意识中，楚地包括三个部分，分别是西楚、东楚跟南楚。

《史记·货殖列传》对此有清晰的表述：

自淮北、沛、陈、汝南、南郡，此西楚也。

彭城以东，东海、吴、广陵，此东楚也。

衡山、九江、江南、豫章、长沙，是南楚也。

西楚是楚国故地，也是楚国最重要的中心区域，不仅是政治中心，也是经济重心。楚国自立国以来的历代旧都，从鄢郢到纪郢（南郡江陵）再到陈郢（陈县），乃至寿郢（寿春）都包含其中，鄢郢、纪郢是楚国东迁之前的旧都。陈郢、寿郢是楚国被迫东迁后在淮泗地区所建的新都。

东楚是吴越旧地，楚国在战国后期才将其征服。东楚是项羽自带。项羽起兵的江东就是东楚。

南楚即是项羽封给三位楚系诸侯的封国。至于最好的西楚，项羽当然要留给自己。

戏下分封　大封诸侯——西楚霸王

项羽其实是将南楚的三位楚系诸侯看作自己的部将，而将南楚的三个封国视为自己的势力范围。项羽的西楚、东楚加上楚系诸侯的南楚，使整个东南半壁尽归于项氏。

戏下分封之后，函谷关以东，项羽以三楚之地雄踞东南。北方的韩、赵、魏、燕、齐故地，则被项羽分割成十国。函谷关以西，北方关中为三秦；南方巴蜀是刘邦。

项羽戏下分封十八路诸侯。

函谷关以东，楚系虽仅占四席，却占有西楚淮泗膏腴之地，东楚吴越旧疆以及南楚楚国故地，据有十余郡，地广兵强。中原诸侯韩、赵、魏、燕、齐五国却被拆分成十国，且有田荣、陈馀之忧。

函谷关以西，关中秦国故地为三秦据守。刘邦受封汉王，却也被封在巴蜀。此封有双重含义，既是分封，也是封锁。

项羽虽封十八路诸侯，其实却是将天下四分，楚系自占一分；中原赵、魏、韩诸国占一分；三秦占据一分；刘邦据巴蜀又占一分。

三秦为秦之降将，受封于项羽，自然亲楚。项羽之如意算盘，即以亲楚之三秦镇守关中压制巴蜀之刘邦。如此则函谷以西，不必劳心，项羽则以西楚、东楚、南楚视为一体，以三楚之强，虎视中原。天下定，则伺时而动；若遇变乱，则率楚军北上以制十国诸侯。

项羽戏下分封的精妙之处就在于，这个体系稳定，他便吃尽分封红利，坐享三楚；即使分崩，他也可以分封时得到的梁楚九郡的强大实力，占尽先机，逆取顺守，兼弱攻昧，争霸天下。项羽远比很多人想象得要精明，戏下分封，怎么算，他都不吃亏。即使不算楚系诸侯的南楚，项羽的西楚也足以力压刘邦以外的各路诸侯。

汉元年（公元前206年）四月，诸侯罢戏下兵，各就封国。

有一个姓韩的书生曾劝说项羽定都关中，韩生说："关中阻山带河，四塞之地，土地肥饶，据此可成霸业。"项羽见秦宫室皆已残破，又思东归，于是说："富贵不归故乡，如锦衣夜行，有谁知之！"韩生大失所望，退而与人言："人说楚人沐猴而冠，果然！"项羽闻之大怒，烹杀韩生。

项羽早已许诺将关中封给章邯，要信守承诺，言而有信。而且，关中虽好，但这里不是项羽的家。项羽的根基在楚地，在淮泗楚人。

分封已定，项羽急于回去巩固胜利成果。因为即使是自己打下来的，获得分封的土地，要是不及时加以控制，也有可能沦入他人之手。这点之前的楚怀王熊心在彭城已经实际操作过一次了。

戏下分封 大封诸侯——西楚霸王

项羽被熊心坑害不浅，相同的错误，项羽不会更不想犯第二次。即使如今的熊心早已失去权力，重新沦为傀儡，但项羽依然不敢掉以轻心。

项羽归心似箭。还在路上的项羽便迫不及待命令属下前往彭城，催促熊心尽快起程前往项羽为他安排的长沙郡的郴县。项羽不想在彭城看见他的政敌熊心，为避免尴尬，最好在他回到彭城之前，将熊心赶走。

熊心被迫搬家，起程南下。他很清楚，他与项羽仇深似海，项羽不会放过他。果不出其所料，西楚霸王项羽密令其所封的九江王英布、衡山王吴芮、临江王共敖击杀熊心于江中。可这三人也不想替项羽背锅，事情被一直拖着，最后，英布在项羽的强令之下，于汉二年（公元前205年）十月，派部将追杀，将熊心杀死。项羽杀熊心，虽极其隐秘，但事情还是很快传开，这也成为不久之后，刘邦讨伐项羽的理由之一。项羽当然知道这么做，会使其在政治上陷于被动，被对手刘邦抓住把柄，但留着熊心始终是隐患，两害相权取其轻。项羽最终还是决定杀熊心，除去这个心腹大患。

千里奔袭 闪击刘邦——大战彭城

项羽大封十八路诸侯两个月后,戏下罢兵,诸侯各回各家。此时是有人欢喜有人愁。喜的是项羽,愁的是刘邦。

项羽春风得意衣锦还乡,刘邦愁容满面背井离乡。

西楚霸王项羽回到楚地,以彭城为都,迅速建立西楚。西楚九郡,其中原魏国二郡:砀郡、东郡;原楚国七郡:陈郡、泗水郡(也称四川郡)、薛郡、琅琊郡、东海郡、郯郡、会稽郡。

西楚原有十郡,项羽将九江郡赐给英布,与庐江郡,一起封为九江国。西楚还有九郡。西楚霸王项羽其部下:砀郡长项它、薛郡长项冠、会稽郡长项声、陈公利几、薛公、终公等。楚国的郡长相当于秦国的郡守(两汉太守),是封疆大吏。楚国的公相当于秦国的县令,只是管辖范围可以是多个县,项羽曾受封鲁国,就保留曲阜在内多个县。

项羽出征时,叔父项缠留守彭城。刘邦出生地丰县、起兵地沛县,都在泗水郡北部;陈胜吴广起兵的大泽乡,在泗水郡中部偏南。琅琊郡本是齐国五都之一的莒都所辖范围，五国伐齐期间为楚国所取，秦置琅琊郡。东海郡在淮河下游，春秋时吴国北上，将诸多小国融合为一个整体，经过越国和楚国的开发，也逐渐繁荣起来。

砀郡长项它，兼任柱国（将军），领砀郡、东郡和陈郡鸿沟以东部分。当初项梁起兵后，项氏可独自带兵的大将，一个是项羽，另一个就是项它。几年前项梁令其统兵救魏国，临济之战，魏王咎和齐王田儋都阵亡了，但楚将项它却保留主力逃回。当时项梁没有追究，反而认为项它保住了军队，功大于过。项梁意外去世后，项它仍掌控嫡系军队，巨鹿之战前，项它还分兵去攻击东郡，未随项羽北上赵国。

项羽与章邯对峙，到分封诸侯前，在东郡和砀郡攻城略地最多的是项它和魏王豹。项羽将魏王豹迁到太行山以西，空出的地盘则由项它接管。项它每战必败，败则必逃，逃则必能全身而退。然而东郡和砀郡是战国时魏国的地盘，与其接壤的有济北国、赵国、殷国、河南国、韩国，项羽既能把一些难题留给项它，又能在彭城外围建立一层防线，所以项它才得以控制两个郡。

薛郡长项冠，领薛郡。项羽与章邯对峙期间，派亲信项冠、项悍率军一万，南下薛郡，以曲阜为中心，不断蚕食薛郡其他秦军控制的城邑。项羽顺势封项冠为薛郡长，在彭城以北又建立一道防线。

会稽郡长项声，领会稽郡、鄣郡，即江东。项羽入关中后，派项声率军一万回到会稽郡，巩固基本盘，以防熊心插手。项羽很重视江东后方，关中分封诸侯后便南征北战，会稽郡、鄣郡为项羽持续输送兵源。

陈公利几，领陈郡鸿沟以西之地（含陈城）。利几是项氏家臣，与项羽关系密切，仅次于郑昌，项羽将大半陈郡交给他。此外项羽还封了薛公、终公等，地盘要小一些。

项羽的戏下分封体系仅仅维持了一个月，就遭遇强力调整。率先起事的是原齐国国相田荣。之前，齐王田儋在临济之战中战死，于是田荣立田儋之子田市为齐王，他则担任相邦，弟弟田横为将。

但项羽在戏下分封时直接插手齐国内政，齐将田都在田荣主政齐国不肯出兵救赵时，选择率军出走投奔项羽，之后从楚救赵，又随从项羽入关。巨鹿之战与入关亡秦是项羽区别众将分封诸侯的主要标准，田都以实际行动表明了对项羽的支持，在田荣当权、齐国整体与项羽敌对的形势下，田都的表现尤为难能可贵。田都投之以桃，项羽报之以李。

于是，项羽将原齐王田市改封胶东王，而以田都为新齐王。

田安攻下济北数城，也在巨鹿之战后引兵归附项羽，因而项羽立田安为济北王。而原先的齐相田荣、齐将田横则被排除在外。项羽三分齐地，既是对追随齐将的褒奖，也是对原齐王的打压，很符合项羽戏下分封的原则。

然而，项羽的这番处置引起田荣、田横兄弟的强烈不满。于是，田荣兄弟立即起兵，进行反抗。项羽二月分封，四月诸侯就国。五月，田荣就行动了。当月，田荣发兵攻击项羽所封的齐王田都，正式向项羽的分封体系发起挑战。

田都不是田荣的对手，弃国而逃，逃亡楚国。田荣留齐王田市，不准其赴胶东。田市畏惧项羽，悄悄跑去就国。田荣大怒，六月，追杀田市于即墨；七月，田荣派彭越击杀济北王田安，统一齐国。这次，田荣也不再立别人，干脆自立为王。

为何反抗首先起于齐国，因为齐国是项羽戏下分封之际唯一未真正控制的地区。淮泗楚地及江东在项氏起兵之后就被收复，黄河以北各路诸侯也在巨鹿之战后归顺项羽，关中巴蜀在项羽入关后通过鸿门宴从刘邦手中夺走。只有齐国，从未被楚军染指，也不受项羽控制，更不听其指挥，它始终都是独立于项羽势力之外的存在，真正掌控齐国的是田荣。

因为田荣不从项羽救赵，也未随项羽入关，因此成为项羽的重点打压对象。具体的打压方式，就是明明知道齐国是由田荣掌权，却故意不予册封。项羽的做法彻底激怒了田荣。而田荣是最强的地方实力派。

那些未随项羽入关在戏下未受分封的地方实力派如赵国的陈馀、游荡在魏地巨野泽的彭越，在田荣公然打出反楚旗号后，便迅速聚集在田荣周边，形成一个规模不大、实力却很强的反楚联盟，田荣自然成为这个联盟的盟主。

在田荣的支持下，陈馀率军驱逐张耳，光复赵国。然后迎赵王歇于代，复为赵王。赵王歇感激陈馀助其复国，便立他为代王。

仅仅数月之间，在田荣的组织策应下，齐、代、赵三国就脱离了戏下分封体系。

田荣以及这个小小联盟，自然而然，成为项羽分封建国后的首选打击对象。

汉二年（公元前205年）正月，项羽率军北上进攻齐国。对此，田荣并不感到意外，既然他瓦解了戏下分封体系便彻底得罪了项羽，那么如今项羽兴师问罪便是情理之中的事情。

兵来将挡。一直以来，田荣都很自信。在齐国，田荣是攻必取，战必胜，从未遇到过强劲的对手。因而，即使即将与之对阵的是项羽，田荣也不胆怯，丝毫不慌。但很快，田荣就意识到，他犯的错有多大了。

千里奔袭　闪击刘邦——大战彭城

齐楚两军在齐国的城阳郡遭遇，随即摆开阵势。两军交锋不久，齐军便抵挡不住楚军的凶猛攻势，败下阵来。看着溃不成军的部队，田荣这才意识到项羽的可怕。他之前的那些对手，在项羽面前简直不值一提。田荣打弱旅已经打习惯了，这导致他过高估计了自己的实力。结果，遇到项羽，一战即被打回原形。

田荣率军败走平原。因为他之前在齐地的骄横跋扈，得罪了不少人。得意时，大家不敢惹他；现在，看到曾经骄狂的田荣也被人揍得到处乱窜，于是，大家一拥而上，群起而攻之。田荣于平原郡在齐人的围攻下被杀。田荣未死于项羽之手，却被齐国人杀死。项羽立原齐王田建之弟田假为王。齐王田儋战死临济，齐人便拥立田假称王，但被田荣赶走。如今，田荣已死，田假在楚军的支持下复位。

本来，事情到此，项羽就可全身而退，留下一个亲楚的齐国，对接下来的局势大有好处。因为被项羽发配到巴蜀的刘邦，仅仅用时数月，就从巴蜀杀出，先冲开三秦驻守的关中封锁线，紧接着便一路东向挺进中原。

汉元年（公元前206）五月，在田荣叛楚仅仅三个月后的八月，刘邦即拜韩信为大将率军暗度陈仓，从汉中一路杀进关中，连续击败项羽所封三王，席卷三秦。到汉二年正月（公元前205

年），关中还在坚持抵抗的仅剩下一个章邯。而直到此时，项羽才出兵齐国，进攻田荣，这距田荣起兵反楚已经过去九个月了。

刘邦进攻关中是在八月，距项羽发兵攻齐也已过去半年。

楚汉战争，相比之前数百年的战国七雄的诸侯混战，在效率上要快很多，只用四年即分出胜负。

而这四年，项羽白白浪费了长达半年的时间。之前几乎所有的写楚汉战争的书都未注意到这点，那就是，项羽几乎错过了宝贵的长达六个月的战略机遇期。在现有的史料中，也几乎看不到项羽在这半年多的时间里都做了哪些事情。

但能对项羽构成威胁、发起挑战的主要有两个人，一个是西面关中的刘邦，一个是东面征战三齐的田荣。与项羽的无所作为、虚掷岁月不同，他的这两个对手，也可以说是敌人，可是很忙的。刘邦在关中忙着攻城略地围攻三秦，田荣在齐国忙于东征西讨统一三齐。

反观项羽，这次却作壁上观，未见其有所行动，其实，这时最需要攻城略地，最需要东征西讨的，恰恰是项羽本人。因为刘邦跟田荣在同时挑战他的权威，挑战他一手创立的戏下分封体系。不论是西讨刘邦，还是东征田荣，都是迫切急需、急不可待的，兵贵神速，战机稍纵即逝不容有失，当初，在巨鹿战场上，项羽的出色表现说明他是很懂的。

可是，不知为何，项羽在如此重要时刻却选择按兵不动，将宝贵的时间浪费，错过足以改写历史走向的战略机遇期。

也许，他有很重要的事去做，比如建立他的西楚国，比如追杀他的政敌熊心，但做这些事，不需要那么多时间，也不需要那么多精力。相比东、西两大强敌，特别是迅速崛起的刘邦，项羽本应第一时间做出反应，派兵救援，甚至亲自领兵去救在关中苦苦支撑的章邯。

但项羽未做任何解救行动。致使章邯在困守半年后终于城破兵败自杀身亡。原本章邯可以成为项羽在关中牵制刘邦的重要势力，但项羽极其冷漠地冷眼旁观，选择见死不救。

项羽未想明白，他不救章邯，到头来坑的人是自己。因为在未来四年的楚汉战争中，关中平原三秦大地是刘邦的基本盘，是刘邦的生命线，是刘邦的大后方。刘邦后来正是靠着关中的持续输血才挺过最艰难的时期，扛住了项羽疾风暴雨般的猛攻。

而在这长达半年的时间，刘邦就待在关中，倾尽所有，倾尽全力，攻略三秦，更准确地说是围攻章邯。项羽却只是远远地看着，不派兵不救援，表现出罕见的战略迟钝。

东、西两条战线的对手都在夜以继日的攻城略地，壮大实力。项羽对此却熟视无睹，未做出任何反应。

到汉二年（公元前205年）正月，刘邦横扫三秦。田荣统一三齐。局势对项羽已经相当不利了。直到这时,迟钝的项羽才做出反应,即东征齐国,讨伐田荣。

好不容易做出反应,方向又错了。虽然东与西皆为敌手,但相比雄才大略的刘邦,田荣最多算一个自守之贼,这位老兄这辈子的目光所及都只有三齐,田荣只想做齐王,对齐国以外的地区,他既没有那个实力,也没有那个野心。

相比刘邦,田荣的胃口要小很多,也容易对付得多,即使不去攻击,田荣也只会在他的那一亩三分地闹腾。

但刘邦就不同了。刘邦的野心很大。他要的可不止三秦,不止关中,他想要的是整个天下,刘邦羡慕的可是秦始皇。

刘邦第一次以亭长的身份进入关中来到咸阳,就被深深震撼。他羡慕的可不只是秦宫壮丽的殿宇,更羡慕秦始皇的功业。当见到秦始皇的雄伟宫殿以及成就的丰功伟绩时,他说大丈夫当如是。很明显,只要有机会,刘邦是想学秦始皇的。由于项羽的战略迟钝,刘邦的机会来了。

刘邦创造机会,把握机会的能力都很强。项羽的战略迟钝,造就了刘邦,也给了刘邦充分的机会。

到汉二年(公元前205年)正月,刘邦已经基本攻占关中。即使项羽此时出兵,也已错过最佳时机。拥有巴蜀汉中以及三秦的刘邦,在实力上已与项羽势均力敌。

千里奔袭　闪击刘邦——大战彭城

当初，刘邦在鸿门宴前的那个夜晚，在项羽的武力威逼之下，被迫妥协；在鸿门宴上屈辱认错，还险些遭到范增的暗算，在樊哙、张良的保护周旋下，狼狈逃回才保住性命。

仅仅一年之后，刘邦便卷土重来，重新夺得关中，实力猛增，与一年前相比，已经脱胎换骨。现在的刘邦再次面对项羽时不但不会妥协，不会怯懦，反而底气十足信心百倍。

刘邦的底气源自他的实力。他原本就拥有巴、蜀、汉中三郡。夺取三秦，又增四郡。

汉二年（公元前205年）三月，汉王刘邦率军东征直奔西魏国。面对连战连胜、兵锋正锐的汉军，魏王豹很识趣地选择就地投降，未做抵抗。

魏王豹的西魏国只有两郡，实力对比悬殊，投降对魏王豹是最明智的。连三秦都不是刘邦的对手，魏王豹当然更打不过。打不过就加入，魏王豹就此加入刘邦阵营。

刘邦继续东进，又轻而易举攻下殷国，殷王司马卬也沦为俘虏。因为相比西魏的两郡之地，殷国更弱，只有一郡。此时，刘邦的地盘已经扩张到九郡。仅以郡的数量而论，刘邦就占据九比一的优势，更不用说，汉军兵精将勇，殷王司马卬打不过很正常。刘邦攻占殷国，以其地置河内郡。

在此之前，项羽封的河南王申阳已经投降刘邦。河南国只有一个三川郡，刘邦以其地置河南郡。

项羽对刘邦的行动也并非完全坐视不理，特别任命部下郑昌为韩王，希望能挡住刘邦东进的脚步。有人可能会问，原来的韩王成哪里去啦？早被项羽杀了。十八路诸侯之中就数这个韩王成最惨，别的诸侯各就封国，单单韩王成被项羽扣下，将其带到彭城，不久又将其杀害。原因就是韩王成最弱，乱世里弱肉强食，菜就是原罪。

韩王成被杀后，刘邦立韩襄王之孙韩信为韩太尉，率韩兵随汉军攻略韩地。项羽封的韩王郑昌抵挡不住，直接投降。韩国的颍川郡也成为汉王刘邦的势力范围。从河南、颍川再向东，就是项羽的西楚国。

刘邦大军的行军速度等同于攻城略地的速度，面对体量巨大远超自己的刘邦。项羽集团，这些一郡诸侯基本不具备抵抗的实力，因而当面对两者中的任何一方的兼并战争，很多一郡诸侯很识时务地选择了不抵抗，服从收编。项羽细分诸侯，原本是用于自己收割的，结果因为刘邦进兵的速度过快，被刘邦抢先一步。项羽煞费苦心、用心良苦地布局，到头来却便宜了刘邦。

殷王战败被俘，却坑惨了陈平。这即是城门失火，殃及池鱼。

陈平，三川郡阳武人。三川郡原属韩国，但阳武大部分时间是魏地。陈平也认同自己魏人的身份。因而，当诸侯反秦风起云涌之际，陈平第一时间选择投奔魏王魏咎。只是陈平在魏国的时间并不长，因受人排挤，被迫出走，转而投奔项羽。

起初，项羽待陈平还是很不错的，赐爵为卿。这在项羽是很难得的，因为项羽对爵位赏赐看得很重，轻易不肯与人。殷王反楚，项羽令陈平出击，率军征讨。陈平也不负所托，平定殷国，使司马卬再次降楚。陈平得胜归来，拜为都尉，赐金二十镒。

可是，陈平回来不久，汉王刘邦就打过来，俘虏殷王，攻占殷国。

项羽大怒，要对之前出征殷国的将吏进行追责严惩。作为前番出兵主将的陈平自然首当其冲。陈平怕了，当即封金挂印，只身而逃，仗剑亡命，渡河别走，于脩武遇汉王刘邦，即归附汉王。

刘邦在与陈平经过一番谈论后，对其才干颇为欣赏。刘邦问陈平在楚国身居何职？陈平说，做都尉。其实，陈平刚刚被任命为都尉，就被迫逃亡，这个都尉只是个虚名。但刘邦对陈平也很器重，说既然如此，那你在我这还做都尉吧。刘邦当日即拜陈平为都尉，令其监护军中众将。

在此之前，还有一个人先于陈平弃楚归汉投于刘邦麾下，这个人就是此时刘邦的大将军韩信。

韩信与陈平在楚汉战争中的作用有多大，众所周知，一个在前线领兵作战，常以少胜多，百战百胜，横扫河北，荡平诸侯；一个在后方密谋筹划，策反项羽帐下将领，离间计玩得不亦乐乎。韩信从外部进攻，陈平从内部瓦解。

陈平与韩信，一内一外，配合得当，相得益彰，成为刘邦的得力干将，左膀右臂。刘邦能最终战胜项羽，这二人功劳甚大。

而这两人原本都是项羽的部下。韩信在项羽那里不受重用，用韩信的话说是位不过执戟，言不听计不用。眼看在项羽这里难有作为，他才舍项羽而投刘邦，追随刘邦入蜀。后来，韩信又在萧何的举荐下，被刘邦拜为大将，率军暗度陈仓，重新杀回关中，平定三秦。

项羽率楚军主力东征在外，西线守备空虚，兵力薄弱。刘邦率大军压境，军力占据压倒性优势。这时换成谁也挡不住刘邦，根本的责任在项羽，是他在战略上反应迟钝，不仅反应慢，而且决策错。项羽率大军东进，还幻想通过韩国与殷国，两个微不足道的小国挡住刘邦，简直是痴心妄想。

项羽不反省自身的决策失误、处置失当，反而将西线的失

千里奔袭 闪击刘邦——大战彭城

败归咎于部下，将罪责推卸给陈平等人。项羽的种种举措，令部下与之离心离德，看看西楚的各郡守将，不是项氏族人，就是项氏亲信。外人得不到重用，失败时还要背锅，也难怪韩信、陈平纷纷出逃，弃楚归汉。

韩国的三川郡与殷国的河内郡是三秦与西楚之间的缓冲，也是楚国的外围屏障。韩王投降，殷王被俘，陈平逃亡。这意味着项羽在西楚外围所做的仅有的一点应对举措也归于失败。

随着三川与河内二郡的易手，通往楚国的进攻通道被打开，楚都彭城也直接暴露在汉军的兵锋之下。

此时的汉王刘邦踌躇满志，意气风发，与一年前在鸿门宴上那个忍辱负重、小心翼翼的刘邦简直判若两人。他率领被征服的一众诸侯南渡平阴津来到洛阳。

三老董公在路上拦住刘邦车驾，进言道："臣闻'顺德者昌，逆德者亡''兵出无名，事故不成'。故曰：'明其为贼，敌乃可服。'项羽无道，放杀其主，天下之贼。夫仁不以勇，义不以力，大王宜率三军之众为之素服，以告诸侯而伐之，则四海之内莫不仰德，此三王之举也。"董公的进言非常及时，为被项羽杀害的熊心复仇，确实是一个十分充分正当的理由，刘邦当即采纳。

刘邦正欲进军彭城，以替熊心报仇为名，既能在政治上恶心项羽,名正言顺;又能师出有名,掌握主动,同时陷对方于被动。

于是,刘邦为义帝发丧,袒而大哭,哀临三日,发使遍告诸侯:"天下共立义帝,北面事之。今项羽放杀义帝江南,大逆无道!寡人悉发关中兵,收三河士,南浮江、汉以下,愿从诸侯王击楚之杀义帝者!"

汉使来到赵国,见到赵国的实际掌权者陈馀说明来意,陈馀说出兵可以,但有条件,那就是刘邦必须将张耳的人头交给他。陈馀说得也很明白,见人头,即出兵。

张耳自从被陈馀赶出赵国,便西行入关投靠昔日的好友刘邦。张耳与刘邦年轻时就认识,而且交情颇深。刘邦年轻时仰慕战国四公子之一的信陵君,曾亲往大梁投奔。但刘邦不知,信陵君早已亡故,此行虽未达到目的,但也因此与信陵君的门客张耳相识,也算不虚此行。

刘邦与张耳相交多年,感情深厚,况且张耳穷困来投,于情于理,他都不会杀张耳。但刘邦又十分想争取陈馀,迫切希望赵国能够出兵一起伐楚。

刘邦不想杀张耳,又想让陈馀派兵,左思右想之后,有了一个损主意。刘邦派人找到一个相貌酷似张耳的人,将人头斩下,派人交给陈馀。那边陈馀见到人头,也信守承诺,令赵军

千里奔袭　闪击刘邦——大战彭城

加入刘邦的部队，南下攻楚。

陈馀对项羽是又爱又恨，爱恨交织。项羽在巨鹿之战中对陈馀及赵国有恩；又在戏下分封时，册封张耳，忽略陈馀，因而令陈馀对项羽充满恨意。

陈馀与张耳也是多年好友，号称刎颈之交，但也是在巨鹿之战时，两人反目成仇。既然是多年好友，陈馀对张耳的容貌当然十分之熟悉，即使再相像的人，陈馀也看得出来。难道陈馀看不出刘邦给他的人头有假吗？他当然看得出来，其实，陈馀要的只是刘邦的态度。见刘邦顺其意，即使明知有假，陈馀还是装作不知，仍令赵军随汉军攻楚。

因为此时陈馀最大的仇敌不是张耳，更不是刘邦，而是项羽：项羽将赵地封给了张耳，如今，陈馀率军驱逐张耳，使赵国复国，在挑战戏下分封体系的同时，也彻底得罪了项羽。

早在刘邦出关东进之前，陈馀与田荣、彭越就已结成反楚联盟。这个联盟的盟主是齐王田荣，陈馀跟彭越都是田荣的盟友。如今，盟主田荣被项羽杀了，彭越也遭到楚军的攻击。虽然彭越暂时击退了楚军，但显而易见，项羽是不会善罢甘休的。现在，项羽的精力都用在征服齐国，等到齐国被项羽占领，下一个遭受楚军攻击的肯定是他跟彭越。

相比彭越，陈馀的处境更加不妙。因为彭越栖身于巨野泽，打的是敌进我退的标准游击战。彭越居无定所，打不过还可以跑。但陈馀就不同了，他助赵王歇保卫赵国，只能守在那儿，哪也去不了。

之前，秦军围攻赵国，有项羽解围。现在陈馀得罪了项羽，楚军再来攻赵，陈馀还能指望谁呢？以目前的形势看，也只有迅速壮大的刘邦，才能与项羽对抗。

陈馀是希望抱上刘邦这条大腿的，只是之前跟张耳闹翻，现在需要一个台阶下。如今，刘邦即将东进攻楚，也需要陈馀的帮助。其实，刘邦需要陈馀。站在陈馀的角度，他又何尝不需要刘邦呢？

两个人出于各自的利益，彼此需要。唯一的困难就是张耳。于是，刘邦就用一个假人头，巧妙地化解双方的尴尬，令双方都有台阶可下。当困难被解除，双方的合作自然顺利谈成。

田荣死后，项羽本来有机会迅速平定齐地，及时抽身回防楚国。但项羽暴虐性格的缺点，在齐国再次暴露。他不仅坑杀田荣降卒，还到处纵兵劫掠。楚军的暴行成功激起齐人的愤怒。田荣之弟田横趁机收拾旧部，重整旗鼓，与楚军在齐地周旋。项羽就此深深陷入齐国百姓战争的大海。

汉二年（公元前205年）四月，田横立田荣之子田广为齐王，以拒楚军。项羽在明知刘邦军正在向楚地迅速推进楚国危急的情况下,依然脱不开身赶回救援。

项羽想击败田横,待平定齐地后,再去战那刘邦。

因楚军主力远在齐国,楚国兵力空虚。刘邦率领诸侯联军得以趁虚而入。

汉王刘邦率诸侯军数十万,对外号称五十六万,大举伐楚。兵到外黄,彭越率其兵三万归汉。刘邦对彭越的到来很是高兴,故人重逢,又是在接连大胜之下。他对彭越说:"彭将军收魏地十余城,当急立魏后。今西魏王豹,真魏后也。"于是,刘邦拜彭越为魏相国,使其将兵略定梁地。

刘邦率诸侯大军几乎未遇抵抗,长驱直入,开进彭城,一举夺取楚都。项羽在彭城的货宝、美人,也尽被刘邦笑纳。刘邦得意之余开始忘形,与诸侯众将日夜置酒高会,欢庆胜利。

刘邦在庆祝的同时也并非完全未做防备。曾与项羽共事的刘邦深知项羽的为人性格,袭取彭城,虽值得庆贺,但也彻底激怒了项羽。以项羽的为人秉性,必然会对刘邦进行凶猛地报复。

对项羽必然的反击,刘邦其实是有准备的,而且准备得还很充分。

项羽从齐地返楚有两条路线可以选择:

一条是走东线,沿沂水南下,直接进攻彭城,走这条路最近也最快，当初项羽北上进攻齐国走的就是这条路。走东线就是沿着来时的路，原路返回。当然，这条路也是刘邦设防的重点。

一条是走西线，向西绕过蒙山，沿泗水南下，然后从四面包抄彭城。相比东线，西线显然有点舍近求远，但攻击的隐蔽性更强，能达到出其不意的效果。

东线出击是正兵，西线进攻是奇兵。战争的胜负，往往在于不走寻常路，出奇方能制胜。

面对刘邦的偷袭，都城的被占，项羽很生气但又很沉稳。

项羽的生气表现在战略上，之前二人只是暗斗，但随着刘邦的偷袭彭城，暗斗变成明争，项羽也从此时起正式将刘邦看作生死之敌。

项羽的沉稳体现在战术上，他未选择走最近最快的东线，反而舍近求远，率军从西线出击。

而刘邦在两个方向上都设置了防线，面对项羽，刘邦丝毫不敢大意。在彭城东北沂水方向，项羽最有可能出现的地区，刘邦布有重兵。在彭城西北的泗水邹鲁之间则有樊哙率军防守。

做好这些之后，刘邦才与一众诸侯置酒高会，以刘邦的想法，东西两条防线，即使挡不住项羽，至少也会起到预警的作用。可是，事实却是刘邦沿沂水与泗水布防的两条战线，不仅挡不住项羽，甚至连预警也做不到。

刘邦对项羽可能的进攻路线，提前做了预判，当然这个其实也没有难度，因为总共只有两条路线，而他在两条路上都布置了阻击部队。

但项羽预判了刘邦的预判，在路线上做不到出奇，那就在进攻方式上创新。

刘邦以为项羽的反攻必将是大军云集主力对攻。既然是大军，云集需要时间，行军速度也不会很快。尽管项羽驻军的齐地城阳相距彭城并不算远，但大军行动很难机动迅速。有这个时间，刘邦可以持续加强两条防线以应对项羽的攻击。

但项羽为保证攻击的突然与猛烈，选择将大军主力留在齐地，而只挑选三万骑兵随他南下彭城。

明知对方有数十万人，却依然只带三万骑兵，这就是来自西楚霸王项羽的自信。当初在巨鹿之战时，项羽以数万楚军就敢背水一战、破釜沉舟大战数十万秦军，并战而胜之；现在的西楚霸王，兵强马壮，兵精粮足，就更加毫不畏惧。

但正如项羽在巨鹿之战时的表现，面对兵力数倍于他的敌人，虽然选择与敌人斗狠，但在斗狠之前还要斗智。

在巨鹿时，项羽是在英布攻击章邯甬道取得成功，王离军开始缺粮以及章邯军被调离之后，才选择破釜沉舟渡河北上决战的。

这次反击,项羽之所以绕路而进,从西线出击,那是因为彭城的地形特别适合做围歼战的战场。

彭城北面跟东面被泗水环绕,南面是睢水,只有西面有出口。彭城的地形就像一个口朝西的大口袋。三面环水的彭城,一旦被从西面堵住,就相当于口袋阵被封住出口。刘邦等于率领诸侯大军数十万人,一头栽进口袋。项羽现在要做的,就是趁刘邦尚未觉察出危险,迅速封堵西面的出口。

刘邦也非等闲之辈。所以,这个封堵的行动必须很快。不给刘邦反应的时间,不给刘邦突围的机会,所有这些都要求项羽的行动必须快速。兵贵神速,说的就是这个道理,战机稍纵即逝。要抓住机会,就必须快。这也是项羽将大军留在齐地而只率三万骑兵回楚的原因。只有骑兵才能达到这个速度要求。

樊哙在沿线的布防形同虚设。因为项羽追求的是速度,采取的是大纵深迂回穿插战术,遇到城池绕过去,遇到阻击就避开。樊哙的处境由此变得极为尴尬。他拦不住,也追不上。

项羽的骑兵可比樊哙的步兵快多了。项羽应该是最早意识到闪击战精髓的将军。速度是制胜的关键,项羽率骑兵从齐国西行绕过樊哙重兵布防的防线,然后快速穿插,一路南进,经胡陵,直扑萧县,并以迅雷之势迅速攻占萧县,堵住刘邦西逃

千里奔袭 闪击刘邦——大战彭城

之路，整个过程一气呵成，如行云流水般纵享丝滑。

樊哙知道大事不妙，但来不及报告。而刘邦还沉浸在胜利的喜悦中，丝毫未察觉到即将来临的危险。

项羽率三万楚军在萧县停留一夜，因为连续的长途奔袭，部队也需要休整，更重要的是，要充分休息，为即将开始的大战做好准备。

项羽将攻击的发起时间选在拂晓，因为在古代受各类条件限制，战事通常在白天，夜晚的能见度很低，部队容易迷失方向，极易造成混乱，而且，到时寻找敌人也不容易。夜袭对将领跟部队的要求都很高。也只有章邯这种水平的将军敢夜袭，他的夜袭也很可能发生在凌晨。因为这个时候，人睡得是最熟的，防备也是最松懈的。

拂晓，攻击开始，项羽率三万楚军精锐骑兵自萧县开始，自西向东一路展开攻击，攻击发起得突然而又猛烈。突击迅速，攻击凶猛，一向是项羽的作战风格。

在楚军突然的如疾风暴雨般猛烈的攻击下，沿途缺乏准备、防备松懈的诸侯军次第崩溃，一个一个被楚军的骑兵冲垮。诸侯军虽然人数众多，但步兵的反应本来就比骑兵慢，混乱之中又缺乏组织，导致沿途外围的诸侯军只能在一片慌乱中各自为战。而各自为战的后果就是被各个击破，人数的优势未发挥出来，反而被楚军一批一批地击溃。

楚军从西向东，一路攻击前进，一路击溃各国诸侯军。战斗早上从萧县发起，战至中午，楚军已经一路平推进至彭城。

诸侯军此时已呈溃败之势，兵败如山倒，面对如此崩溃之局，刘邦也没有办法，只能率军向下败退。

楚军从西面进攻，以汉军为主的诸侯军便向东溃退。然而东面是河，溃逃的诸侯军被榖水、泗水拦住去路，十余万人被挤入泗水溺亡。

眼看东面有河挡路，诸侯军又向南逃。可是，败兵逃到南面，又有睢水挡路。在追击而来的楚军的攻击下，又有十余万诸侯军被挤入睢水，因为死的人过多，以至于尸体将河道堵塞，睢水为之不流。睢水上到处都是漂浮的士兵尸体，惨不忍睹。

局势逆转之快，超出刘邦的想象。大进军，一夜之间就变为大溃逃。前夜，刘邦还在彭城与众将把酒言欢，庆贺胜利。转眼之间，几十万大军就被项羽的三万人杀得东奔南逃。

数十万大军土崩瓦解，四散逃命。大军统帅刘邦身边的人少得可怜，大部队早被冲散，而且这时刘邦被楚军重重围困，不出意外的话刘邦生命的轨迹就要到此结束了。

然而，意外真的发生了。千钧一发之际，战场上突然狂风大起，飞沙走石，天昏地暗。大风从西北而起，折木发屋，直冲楚军，瞬间就将队形吹得大乱，汉王刘邦抓住机会率数十骑趁乱溃围而出，终于冲出包围。

一场突如其来的大风，救了刘邦的性命。但危机尚未完全解除，因为刘邦的家眷妻子儿女此时还在老家沛县。刘邦需要去接她们，迅速逃离是非之地，只因沛县属于楚国，这里是项羽的地盘。

偷袭人家的国都，家眷还在人家的一亩三分地上，换成谁都不放心。刘邦此时才去接家眷，并非是他进入彭城纵情酒色，将妻儿抛诸脑后，而是项羽的反击来得太快，快到超出刘邦的预料，而刘邦其实也才刚刚进入彭城，尚未站稳脚跟，项羽的反击就来了。

项羽的作风还是一如既往，迅疾猛烈。刘邦尚未来得及去接妻子，即在彭城遭遇雪崩式的败仗，全军崩溃。

刘邦很清楚，项羽抓不住自己，就会去抓他的家眷。所以，必须赶在项羽之前接走家人。事实也的确如此，兵败之后的刘邦思路清晰，首先想到的就是沛县的家眷。在刘邦风驰电掣般疾驰赶赴沛县之际，奉项羽之命前往沛县抓捕刘邦家属的楚军已经在赶往沛县的路上，项羽跟刘邦想到一块儿去了。

果然是曾经并肩战斗的战友竟"心有灵犀"。现在，双方比拼的就是速度，谁快谁就占优。

然而，怀着相同目的奔赴沛县的两伙人都未在沛县找到他们想找的人。此时的沛县刘邦老家，实际当家的是刘邦的妻子吕雉，这是一个非同寻常很有见识的女人。

吕氏家族在砀郡是豪族，她与刘邦的结合是外来豪族与地方豪强的强强联合。吕雉不是寻常妇人，因而她的反应也不同常人。

听说刘邦打进彭城时，吕雉就应该有所准备了。再听到刘邦彭城兵败的消息时，吕雉一点都未犹豫，立即率领全家出逃。

当时兵荒马乱，逃难的不止刘邦家，还有很多沛县百姓也跟着一起躲避战乱。因为刘邦的部下特别是骨干很多也是沛县人，比如萧何、曹参、周勃、樊哙，都是沛县人。他们的家眷自然也在沛县。

在一片混乱中，吕雉一家走散了。准确地说是吕雉与她的一双儿女走散：吕雉在蓝颜知己审食其的陪同下带着刘邦的父亲老太公走一路，吕雉的一双儿女也就是未来的汉惠帝刘盈与鲁元公主走另一路，一家人分道而行。

亲人走散在战乱岁月里是令人感伤难过的，因为很多亲人就此失散骨肉分离，此生再未见面。然而，吕雉与儿女的这次失散，却是继睢水岸边那场大风之后，上天对刘邦的再次眷顾。

刘邦在路上遇到了自己的一双儿女。但他的妻子吕雉就没那么幸运了。吕雉的儿女遇见的是刘邦，但吕雉遭遇的是楚军，就此沦为俘虏，在楚军大营度过了三年战俘岁月。

刘邦遇到两个孩子，还来不及喜悦，就不得不再次踏上逃亡之路，因为楚军的追兵很快又追上来了。

在逃跑途中，刘邦还上演了推子坠车的大戏。很多人为此大黑刘邦。特别是有些人以此为由，对刘邦大肆攻击。之所以能轻松地站在那里指责别人，是因为他们从未经历过他人的痛苦。在他们看来很恶劣的行为，当时可能已经是最好的选择。

刘邦很清楚，项羽的首要目标是他，其次才是他的家人。只要他在，他的家人至少暂时就是安全的。项羽抓刘邦的家眷，目的是以此要挟刘邦。但如果被抓的是刘邦本人，这场历史剧就要出"全剧终"的字幕了。

刘邦在进军彭城之前，以吕雉的兄长吕泽率军进驻彭城以西的砀郡下邑，作为全军的总预备队。这是刘邦为防意外做出的部署，彭城兵败之后，刘邦收拢败兵第一时间前往下邑投奔吕泽。再之后吕泽率军在下邑挡住了项羽的追兵，稳住了岌岌可危的战线，为刘邦争取到喘息之机，刘邦才有机会从容退去，重整旗鼓，卷土重来。刘邦驻军下邑的举动在彭城战后收到奇效。

彭城惨败给刘邦最深刻的印象跟教训是，单靠他自己打不过项羽。彭城之战对刘邦的自信心也造成了相当大的打击，项羽远比他想象的要强大。

战后，各路诸侯再次表现出墙头草的摇摆本色，纷纷背汉投楚。塞王司马欣、翟王董翳原本就是亲楚的三秦，投降刘邦是迫不得已，见刘邦战败直接投奔项羽。魏王豹说回家探亲，回去就跟刘邦翻脸。赵国大将陈馀也表示，才发现刘邦送来的张耳人头是假的，之前未看清，现在才看清楚。既然刘邦欺骗在先，那么合作到此结束。

彭城之战是项羽最精彩的战役之一，仅次于巨鹿之战。项羽的战术风格、作战特点，在彭城之战中体现得最为鲜明。

巨鹿之战是项羽的成名之战，彭城之战是项羽的巅峰之战。

围攻荥阳 对峙成皋——楚汉相持

战后,在楚军一浪高过一浪的攻击下,汉军逐次退却,退守到河南郡的成皋荥阳一线。这里也是刘邦东进之前的出发地。

项羽击退刘邦后,楚军主力也很快从齐国撤军返回楚国。项羽册立的齐王田假失去靠山,随即就被田横驱逐出齐国。田假只得流亡楚国来投奔项羽。

项羽看见这个家伙不禁怒火中烧,田假的存在,是他在齐国整个行动归于失败的活的证据,是对项羽无声的嘲讽。田荣之弟田横在楚军撤走后,重新掌控齐国。等于说项羽错失迎战刘邦的机会,付出都城被攻陷的代价,深陷齐地苦战数月的成果全部付诸东流。项羽辛苦一场,全都白干了。

仿佛一切都回到起点。刘邦退回到河南郡的荥阳,项羽收复失地,齐国再次被田横兄弟收复。

项羽的战略态势较之战前并未有多少改善,东西两线仍然都是敌人。

刘邦在撤退途中停留下邑,在这里召集群臣开会,这次会上刘邦做出了自起兵以来最重要的、也是最艰难的决定，那就是将函谷关以东的原六国之地拿出作为封赏，赐给那些愿意与他并肩作战讨伐项羽的诸侯。

刘邦问群臣："吾欲捐关以东，等弃之，谁可与共功者？"张良说："九江王英布，楚之枭将，而与项王有隙；彭越与齐反梁地；此两人危急之际可使。而汉王之将，独韩信可属大事，独当一面。即欲捐之，捐之此三人，则楚可破也！"

刘邦做放弃直接统治函谷关以东，将之作为有功诸侯的封赏的决定是重大的，也是痛苦的。

说重大，因为这将深刻影响此后十余年的政治格局，以及战后的政治体制。大一统国家的郡县制是最好的选择。刘邦也打算这么做，东进以来，他一直都在变封国为郡县，攻下一国，即改为郡县。但做出捐出关东的决定，也就意味着刘邦被迫接受关东为诸侯封国，而实行封国与郡县并存的制度。

说痛苦，因为刘邦原本是想学秦始皇统一天下。现在他则不得不向现实做出妥协，与诸侯并存，恢复战国的群雄并立的局面，即使他在其中占据主导地位，但相比统一全国，只能暂时得到半壁江山。

刘邦之所以做出战略放弃关东这个决定，是因为彭城之战的惨败使他意识到，单靠他自己是很难战胜项羽的。

战前战后，那些随风倒的一郡之国的诸侯的表现，也使刘邦知道，这些诸侯是指望不上、也是靠不住的，实力本就弱小，只会跟着打顺风仗，哪边强就靠哪边，这些队友很坑人的。

刘邦的"吾欲捐关以东，谁可与共功者？"与之前楚怀王熊心的"先入关中者为王！"二者颇有异曲同工之妙，甚至可以说，刘邦的舍关东与有功者，就是学的熊心。两者都是给有志于功名的合作伙伴画一个极具诱惑跟吸引力的超级大饼。

因为彭城的惨败，刘邦不得不调整策略，从学习秦始皇一步到位、统一全国、推行郡县制的大一统国家，变成学习楚怀王熊心，让出至少是暂时让出部分利益，以换取诸侯的支持，将关东作为封赏，待击败项羽，便实行郡国并行制，函谷关以西归其直接掌控，函谷关以东则分封有功诸侯。

刘邦的这个战略思想是基于现实基础上的极其正确的决定。根据实际情况及时调整战略，这就是刘邦不同于常人的过人之处。很多人到死都转不过来的弯，刘邦在经历一场重大挫折后就想明白了。

在这个过程中，刘邦虽然表面上有些损失，但实际上却牢牢掌控着主动权。因为当今天下,刘邦只有项羽这么一个对手。只要将项羽击垮,其他任何诸侯都不具备与刘邦单独对抗的实力。刘邦随时可能收回之前的大饼,将分封出去的土地再以不同寻常的方式夺回来、抢回去。刘邦后来对韩信、对彭越、对英布都是这么干的。将关东分封于诸侯,对于刘邦只是一个过渡,一个权宜之计。

虽然刘邦决定放弃关东作为分封之地,但将关东封给谁,准确地说,选谁做合作对象,这个具体而又重要的问题,他尚未想清楚,这也是他向群臣的提问。最终,做出回答的是刘邦的谋士张良。

作为汉初三杰之一的张良,平时的表现很低调,并不引人注意,但在刘邦的班底中,张良却是极其重要的存在。

汉初三杰,各有所长。萧何精于治国理政,战争时期表现为坐镇后方征兵征粮,保证前线兵员的及时补充与粮草的持续供应。张良的主要作用则是在刘邦身边出谋划策,尤其是一些具有战略性的决策,刘邦在下邑做的决定就是战略性的,张良也在会上做出战略性的献策。张良告诉刘邦,打败项羽只需要三个人,准确地说是三方诸侯,英布、彭越以及韩信。

楚将英布在戏下已被封为诸侯,但项羽仍将其视为部将,这让英布很不爽,也是英布与项羽渐生嫌隙的主要原因。两个人关系的紧张甚至已经成为公开的秘密，所以，张良首先向刘邦推荐的合作对象就是英布。

彭越的待遇比英布更差，因为未随项羽救赵，更未随之入关，直接被排除出戏下分封体系。而彭越是有称霸一方成为诸侯的实力的。

至于韩信，作为汉初三杰之一，受到另外两位的极力推崇，这已经能够说明他的能力了。萧何向刘邦力荐韩信做大将军，使韩信从一名普通的官员，一跃而成众将之首。而张良却认为，仅仅是大将军还不够，还不足以发挥韩信的才干，还要加码才行。这个加码就是独自领军，独当一面。

彼时，英布在南，彭越在东，而一群叛汉投敌、朝秦暮楚的一众诸侯如魏、赵等国皆在北方。那么韩信独当一面的主攻方向便不难猜测，那就是北面的魏、赵诸侯。

刘邦很可能就是在此时做出了令韩信平定北方诸侯、从侧面包抄项羽的决定。因为下邑之谋发生在四月，仅仅四个月后的八月，刘邦即做出以韩信出征魏、赵的决定。

刘邦的战略极为高明，让利于诸侯表面上看似失去关东，实际上却是将欲取之，必先予之。因为靠他自己也得不到关东，与其如此，不如大方地封给诸侯。然后，他再从诸侯手中夺回关东。

张良的献计则更具战略眼光。明面上是以关东封赏三大诸侯，实质上却是在构建一个以西楚为中心的巨大的战略包围网。英布在南，韩信在北，彭越在东，刘邦在西。

英布从南牵制，韩信从北包抄，彭越在东袭扰，刘邦在西硬扛。

刘邦欣然采纳张良之计，厚待三人，依计而行。由此，刘邦对项羽形成四面合围之势。他在正面拖住项羽，英布、彭越、韩信则分别从三个方向策应刘邦的主战场，形成多条战线的彼此呼应，令项羽顾此失彼，疲于奔命。

彭城之战，刘邦虽败，但他也看清了项羽的弱点，那就是做不到两线作战。刘邦能突袭彭城，就是因为项羽东征齐国，彭城空虚才能趁虚而入。

项羽虽强，但分身乏术，他只能顾一面。刘邦有独当一面的大将韩信，项羽麾下却找不出能力出众的将领。而刘邦的这员大将，还是被项羽赶走"送给"刘邦的。

刘邦随即退守荥阳，各路汉军也陆续向荥阳集中。萧何更是将关中老弱未傅籍者尽数发往荥阳。汉军得到兵员补充，军力迅速恢复。

楚军自彭城战后，一路西进追击汉军，常乘胜逐北，而刘邦驻军的荥阳成为其攻击重点。楚军骑兵往来纵横，咄咄逼人。

两军在荥阳以南的京县与索县之间接连大战。楚军骑兵利用其机动优势到处穿插,汉军极为被动。

对付骑兵,最有效也最简单的办法,就是组建自己的骑兵。

刘邦如今的大后方是关中,而秦人亦以骑射著称。很快一支以秦人为主的汉军骑兵部队便组建完成。在刘邦麾下大将灌婴的率领下,汉军骑兵与追杀而来的楚骑大战于荥阳以东,并最终击溃楚骑,杀退追兵。

但彭城之战后,项羽已经认定了追杀刘邦才是他人生的终极目标。刘邦走到哪里,他就追到哪里。刘邦在荥阳,项羽就追到荥阳。于是,荥阳成为楚汉战争的主战场。

刘邦为何选择荥阳作为对抗项羽的战场?因为荥阳的地理位置至为关键,是东西南北交通的中心,更是关中的门户。

荥阳东北的敖仓是战略储备粮仓。秦朝时驻重兵于荥阳,从四方征集之粮食则囤聚于敖仓,以为大军之粮。

为何粮食要屯于敖仓?因为这里是黄河水运的西线终点。从敖仓以黄河水系为主线向东通过纵横交错的淮河水系的水网,将关东的粮食以漕运的方式向西输送。但水运向西只能走到敖仓,再往西就唯有采用陆路运输的方式,成本将成倍增加,时间也要翻倍,因此,将粮食走水路运到敖仓是最经济也是最实

围攻荥阳　对峙成皋——楚汉相持

际的。

荥阳不仅有敖仓这个大粮仓，可以为部队提供持续的军粮供应，而且占据地势，易守难攻。

荥阳有多难攻？陈胜起兵后，派吴广率军西进，一路势如破竹，但到了荥阳，便再难前进一步，强攻荥阳失败，吴广也被部下杀死。

刘邦率军西征之时，最初也是想从函谷关入秦，但他也打不下荥阳，更别提更西的函谷关，正因为受阻于西线，刘邦才被迫转向南线，绕路从武关进入关中。荥阳所在的豫西通道是连接关中与关东的枢纽。项羽想攻入刘邦的关中，也只能选择强攻荥阳城。

能令陈胜受挫、刘邦绕路的荥阳，对项羽也不会有特殊优待，到了这里也得老老实实啃城墙。当然，在这一点上，项羽从来不含糊。攻打齐国的时候，项羽就身先士卒，身负版筑，带头攻城。

但荥阳不是一般的难攻，是特别难攻。难攻到勇猛如项羽也是屡次强攻未能得手，围攻数月之后，还是只能望城兴叹。

当然，被堵在城里的刘邦也不大好受，如一味地让项羽放手拼尽全力强攻，以项羽不达目的誓不罢休的劲头，荥阳的城墙也早晚会被他啃穿。此时，出城与项羽野战，当然更不可取，那刘邦只会死得更快。

战与守都不是长久之计,这可如何是好。这时,张良的下邑之谋开始发挥作用了。

刘邦从下邑撤军时,就令辩士随何前往九江游说英布。随何到九江不久,项羽的使者也到了。随何是奉汉王刘邦之命,劝说英布弃楚归汉,楚使是奉西楚霸王项羽之令,督促英布尽快发兵增援荥阳战场。两个身负不同使命的使者先后来到九江,英布瞻前顾后,还想脚踏两只船,与两方使者玩暧昧。但汉使随何可不给他机会,直闯楚使驻地当面迫使英布表明立场。英布只得杀楚使,起兵反楚。

南线外交的胜利,使刘邦摆脱了第一次荥阳危机,也使项羽第一次品尝到下邑之谋的厉害之处。

荥阳战事打得最激烈的时候,项羽派人到九江,原本是想调英布的兵北上增援荥阳。而英布的背叛,使项羽的处境雪上加霜,不仅未得到援兵,反而还要分出兵马南下平叛。项羽麾下大将龙且、项声进攻九江,双方在九江鏖战数月,直到当年冬天才分出胜负;英布抵挡不住,与随何北上投奔刘邦。

英布虽然战败,还丢了九江,但他在南线坚持的数月,也帮了刘邦的大忙。如果不是英布的牵制,分散了项羽的兵力,刘邦未必能扛住项羽的第一波猛攻。

此时，韩信的北线与彭越的东线刚刚展开，发挥效力还需要时间，是英布为刘邦、也为韩信跟彭越争取到发展壮大的时间。

汉三年（公元前204年）十月，韩信在九月平魏生擒魏王豹之后，又在井陉背水列阵以少胜多大败二十万赵军，阵斩陈馀。项羽虽也派出兵力救援赵国，但赵国在韩信的攻势下，大局已定，楚军的渡河攻击只能算作袭扰。

十二月，九江王英布归汉。刘邦使英布驻守荥阳西面的下一道防线成皋。

汉军坚守荥阳，粮食全靠荥阳东北的敖仓输送。为保证粮食运输，刘邦特意在荥阳与敖仓之间修筑运粮甬道。而项羽在强攻荥阳屡屡受挫后，便将攻击重点从荥阳变成甬道。

楚军开始频频对甬道发起攻击，使汉军的军粮运输大受影响，损失惨重。荥阳的汉军开始缺粮。这一幕似曾相识，巨鹿之战时，项羽也是从攻击章邯的运粮甬道打开战役的突破口，进而分隔秦军，将之各个击破大胜秦军，巨鹿之战一战成名。

如今，项羽故技重施，依旧从甬道寻求战机，也是想再来一次巨鹿之战，经典重现。

汉三年（公元前204年）四月，荥阳被围日久，形势日益危急。敖仓甬道受楚军攻击，以致粮食虽近在咫尺，却被阻于外，进不得城。汉军粮草告罄，而楚军的攻势在击败英布后更为猛烈。荥阳内外交困，刘邦只得主动请和，以荥阳以西归汉，以东属楚。

亚父范增劝项羽当此之际应急攻荥阳，刘邦听闻深以为忧。恰逢项羽派使者至汉，陈平令设太牢之具，款待来使。侍者举盘欲进，见是楚使，佯惊道："我以为是亚父使，原来是项王使！"随即撤去，更以恶草粗具进献楚使。楚使归营，据实以报。

据史料记载，项羽果然由此对亚父范增生疑。亚父欲急攻荥阳城，项羽不信其言，不肯听。亚父范增听说项羽怀疑自己，大怒："天下事大定矣，君王自为之，愿请骸骨！"归，未至彭城，疽发背而死。

此即是史料所载陈平之反间计，如此反间，形同儿戏。项羽是何等人，一个从被剥夺兵权的将军，前有强敌，后有威逼，却能从容设计巨鹿之战，击败秦军，逼降章邯；鸿门设宴，兵不血刃，逼迫刘邦就范，交出关中；戏下分封，推翻熊心的先入关中者为王的政治羁绊，主持分封，重建秩序，自封西楚霸王的项羽，怎么可能受此雕虫小技的欺骗。

巨鹿之战时，项羽前方的敌人是章邯，后方的敌人是熊心。

鸿门宴上，项羽表面的敌人是刘邦，背后的敌人是熊心。

巨鹿战后，章邯归降项羽。

鸿门宴前，刘邦屈从项羽。

戏下分封之后，项羽才有精力跟时间对付他的第三个敌人熊心。之后，项羽更是不惜背负罪名也要杀死熊心，除去心腹之患。

刘邦偷袭彭城也以为熊心报仇为名。

熊心，这个令项羽费心劳力的敌人，在很长时间里都是项羽黑名单上的第一人，在熊心死前，刘邦也只能排在第二位。熊心这么一个长期困扰项羽的仇敌，当初是谁举荐其上位的？答案是范增。就是范增坚持迎立熊心做楚王，才有了后来项羽的一系列麻烦。特别是项梁死后，熊心恩将仇报，抢班夺权，令项羽对其恨之入骨，而追根溯源，范增才是罪魁祸首。你说项羽怎么可能对范增有好感？

鸿门宴上，本来项羽计议已定，刘邦来赴宴本身就是表明态度，向项羽屈服。项羽本可体面地接受刘邦的屈从，从刘邦手中接过关中。整个过程气氛融洽，其乐融融，仪式感拉满，项羽看着向他低头的刘邦，一股成就感油然而生。

好好的一个彰显项羽风度的鸿门宴，因为范增的搅局，搞出一个"项庄舞剑，意在沛公"，硬生生成为阴谋刺杀的典型被收录进史书。鸿门宴，也从此成为阴谋诡诈的同义词。这一切都要拜范增所赐，你说项羽会不会恨范增？

鸿门宴上，范增不经请示自作主张，派项庄在宴会上表演舞剑，到宴会散去，大骂项羽是竖子。范增骄横跋扈的形象已跃然纸上。

军队中只能有一个头儿。范增越位而不自知，被扫地出门，已经是他最好的结局。

项羽与范增的矛盾由来已久，不是项羽中陈平离间之计，而是项羽随便找个理由驱逐范增。

之后，项羽丝毫没有放松对荥阳的围攻，发起更加凶猛的进攻，急攻荥阳。不用范增去劝，项羽知道刘邦的处境，也知道自己应该怎么做。

刘邦坚持硬撑，但撑到五月便再也坚持不下去了。

刘邦想突围。但荥阳被围多日，城外到处都是楚兵，被重重围困，想出城谈何容易。

但刘邦清楚，要想不做项羽的阶下囚，自己必须出去。只是如何出去？硬闯肯定行不通，那就只能用计了。

当用何计？诈降之计。

这个计谋当然很不体面，很丢脸，上不得台面，通常这种不适宜对外宣传的诡计都是由陈平提供的。陈平与张良虽说都是刘邦的谋士，但显然二者的作风迥然有别。刘邦在下邑的时候，需要的是张良的战略对策。此时被困荥阳的刘邦，急需的是陈平的阴谋诡计。此一时，彼一时，张良、陈平都是刘邦的谋臣，只是不同的时候，有不同的需求。

眼下，刘邦最需要的就是陈平这种谋士。

将军纪信甘愿为刘邦赴死。于是，在陈平的策划下，一天深夜，关闭已久的荥阳东门被缓缓打开，从城中陆续走出两千余名女子。

围城的楚军见东门开启，纷纷向那里靠拢，其他方向的楚军听说后也都向东门聚拢，原本如铁桶般的包围圈，因为两千名妇女的出现瞬间就变得支离破碎、千疮百孔、到处漏风。准确地说，从东门大开，楚军看到从里面走出的两千名妇女后，楚军的包围网在事实上已不存在。而楚军的这些反应都在陈平的意料之中，他要的就是这种效果。

围城楚军从四面八方赶来"围攻"两千名女子，场面顿时变得混乱不堪。这时纪信乘坐王车，黄屋左纛，适时出现，高声喊道："汉军食尽，汉王降楚。"楚兵听到喊声皆呼万岁，这下都跑到城东观看，其他地方几乎等同于不设防。楚军纷纷聚集到东门看热闹，生怕错过这个大场面。

陈平等的就是这个时机，场面越乱越好。他放出两千名妇女为的就是吸引楚军制造混乱。只有混乱才能浑水摸鱼，趁机突围。

汉王刘邦在数十骑的保护下出西门遁去。先开东门吸引楚军，再从相反方向的西门逃走。刘邦行前令韩王信与周苛、魏豹、枞公同守荥阳。

项羽见到纪信，问："汉王何在？"答："早已出去。"项羽大怒，方知中计。

项羽认识纪信。鸿门宴时，纪信是刘邦的贴身侍从之一。

愤怒的项羽下令以火烧杀纪信。但项羽中陈平之计，又一次错过抓住刘邦的机会。上一次还是在彭城之战时，一场突然而至的大风帮刘邦解围。

留守荥阳的周苛、枞公相谓曰："反国之王，难与守城！"于是共同将魏王豹诛杀。

汉王刘邦出荥阳后，西撤至成皋，之后入函谷关，意欲重整兵马，再东进与项羽决战。

这时辕生劝说刘邦："汉与楚相距荥阳数岁，汉常困。愿君王出武关，项王必引兵南走。王深壁勿战，令荥阳、成皋间且得休息，使韩信等得安辑河北赵地，连燕、齐，君王乃复走荥阳。如此，则楚所备者多，力分；汉得休息，复与之战，破之必矣！"汉王刘邦从其计，随即南下，出军于宛、叶间。与英

围攻荥阳　对峙成皋——楚汉相持

布一路收兵，扩充军队。

项羽听闻刘邦在宛，果然引兵南来，尾追刘邦至宛城。刘邦还是老办法坚壁不战。

项羽舍荥阳不攻却南下尾随刘邦，又中计了。

项羽在战术上很精明，常常做出极精彩的战术举动，但在战略上，却常犯糊涂，不仅反应迟钝，而且经常犯方向性的大错。

项羽直到现在都未弄清他的主攻目标。摆在他面前的，一个是汉王刘邦本人，一个是刘邦的大后方关中以及外围防线成皋、荥阳。

自从刘邦突袭彭城，在项羽的眼中就只有刘邦，项羽将刘邦视作头号目标，必欲擒之。项羽围攻刘邦据守的荥阳，其实是一举两得。既能攻击通往函谷关的豫西通道，又能困住刘邦。

刘邦南下宛城，其实是利用自己转移项羽的攻击方向，为成皋、荥阳防线争取喘息之机。因为在楚军的长期围攻下，这条防线承受着巨大的压力，几乎已到极限。这相当危险，一旦防线被项羽突破，函谷关就会直接暴露在楚军面前，而函谷关后面就是刘邦赖以生存的大本营关中。

显然，此时关中比刘邦更重要。刘邦能在楚汉战争中，在正面战场顶住项羽的轮番猛攻，靠的不仅是成皋、荥阳防线，更是关中这个大后方。

　　如果项羽拼尽全力，执意向西突击成皋、荥阳防线，以突破函谷关为目标，不理会刘邦是南下还是北上。到时，被动的就是刘邦，因为刘邦不具备与项羽正面野战对攻的实力。刘邦很难从正面阻击项羽的进攻，只能通过侧面的机动应对以及通过英布、彭越甚至韩信，从侧翼对项羽进行牵制。

　　项羽在能确保大后方的稳定以及补给线的安全的前提下，直接攻击成皋、荥阳防线，直至函谷关，是最明智的选择。

　　但项羽在重大战略决策面前，被愤怒冲昏头脑，一味地盯住刘邦不放紧追不舍，犯下战略方向上的大错。

　　而刘邦在发现自己被项羽紧盯不放的形势下，也以自己为诱饵，甘冒风险，最大限度地调动项羽偏离成皋、荥阳主线，为自己的最重要的防线争取休整及加强防守的机会。

　　项羽率楚军主力南下宛城，使刘邦的成皋、荥阳防线得到休息。但宛城的刘邦在楚军的围攻下也十分危险。这时，下邑之谋的第二张王牌出场，那就是活跃于魏地楚国大后方的彭越。第一张王牌英布在项羽围攻据守荥阳的刘邦时出过场了。英布为刘邦争取到数月的宝贵时间。接下来，轮到彭越了。

　　五月，彭越率部渡过睢水，与楚将项声、薛公大战下邳，大破楚军，杀薛公。项羽收到战报，令终公坚守成皋，而自己则率军东击彭越。趁着这个机会，汉王刘邦引兵北上，击破终公，收复成皋。刘邦跟彭越都只忌惮项羽本人，对项羽的部下，他们几乎是怎么打怎么赢。

项羽虽然能在正面战场击败彭越、打败刘邦，但他分身乏术，而刘邦、彭越却能在项羽的前方与后方同时行动，令项羽顾此失彼，疲于奔命。

因为项羽被英布、彭越以及刘邦多方牵制，所以即使在这个过程中，成皋以及荥阳偶然被楚军占领，楚军依然难以突破整条防线。成皋、荥阳防线，不仅有成皋跟荥阳，附近还有众多的汉军堡垒，这是一个有着极大战略纵深跟弹性的防线。

六月，项羽击败彭越，得知汉军复据成皋，当即引兵西拔荥阳城，生俘周苛。项羽对周苛说："为我将，以公为上将军，封三万户。"周苛骂道："你还是趁早降汉，他日必为汉王之虏；你非汉王敌手！"项羽大怒烹杀周苛，并杀枞公而虏韩王信，遂围成皋。

汉王刘邦这次趁楚军包围圈尚未合拢，与滕公轻车简从出成皋玉门，北渡黄河，宿脩武传舍。

清晨，刘邦自称汉使，驰入赵壁，张耳、韩信尚未起。刘邦即其卧内，夺其印符以麾召诸将，更易置之。韩信、张耳早起,方知汉王来,大惊。刘邦既夺两人军,令张耳徇行,备守赵地;拜韩信为相国,收赵兵未发者东击齐。诸将稍后陆续出成皋渡河追随刘邦。

楚军再拔成皋,欲西向进兵;汉军据守巩县,令楚军不得西进。汉王刘邦得韩信军,复大振。

八月,刘邦引兵临河,军小脩武,欲再与楚战。郎中郑忠赶忙劝阻,劝说刘邦当高垒深堑勿与楚战。刘邦听其计,改派将军刘贾、卢绾率步兵两万,骑兵数百,渡白马津,深入楚地,佐助彭越,焚烧楚军积聚,袭扰楚军后方。

上次,彭越的主动出击,成功迫使项羽东撤回救,令刘邦发现了彭越在楚军后方的战略价值。这次给彭越派去援兵,自然是希望彭越能再接再厉,在楚军后方再打几场仗,折腾得越大越好。

东击彭越 西失成皋——鸿沟之约

刘贾在出发前肯定被刘邦面授机宜，那就是配合增援彭越，在项羽的后方大打游击战。原则就是，项羽进，你们退。项羽退，你们进。进攻时，要竭力避开项羽；撤退时，要尽量牵制住项羽。

彭越得到刘邦的援兵后，实力大增，信心也随之大长。

他已经不满足于小打小闹，他还有更大的追求。因为彭越也是一个很有上进心的男人。

汉三年（公元前204年）八月，彭越趁项羽西进成皋之际，大举进攻，攻略梁地，势如猛虎所向披靡，连续击败楚军，如入无人之境，连下睢阳、外黄等十七城。

彭越趁项羽不在西楚，彻底放飞自我，东闯西杀，不可抑制。

气势正盛的彭越攻必取，战必克，在梁楚九郡大显威风。当然，这要有个前提，那就是项羽不在家。只要项羽不出现在西楚，彭越就是西楚的王。

东击彭越　西失成皋——鸿沟之约

眼见彭越在楚国后方闹得越来越大，项羽终于坐不住了。尽管他知道，此时的刘邦也快要顶不住了。只要他再坚持一下，刘邦可能就先崩溃了。可是，偏偏讨厌的彭越这时出现在他的大后方，再任由彭越在梁楚这么任意妄为地打下去，项羽也要顶不住了。

在继续攻击刘邦，还是回救西楚上，项羽很是纠结，反复权衡之下，他做出了一个艰难的决定，暂时回撤，去救西楚。当然，对围攻刘邦，项羽也未放弃。他的打算是闪击彭越，速战速决，解决彭越后，再回来与刘邦接着打。

彭越凭借其在项羽大后方的卓越战绩，成功荣登项羽的必杀黑名单并荣列榜首，连刘邦暂时都被彭越给比下去了。

此时的彭越已然登上人生巅峰，意气风发，志得意满。

只要项羽这个老虎不在，彭越这个猴子就是此地的王。

九月，项羽对大司马曹咎说："小心防守成皋。即使刘邦挑战，也不要理睬，慎勿与战，勿令刘邦东进即可。我十五日之内必定梁地，到时再与将军会合。"

项羽临行前再三叮嘱，还交代得这么细致，明显是对曹咎缺乏信心，更不放心。怎奈，项羽身边缺乏能独当一面的大将。留在后方的楚军将领居然没有一个是彭越的对手，项羽不得不在东线与西线之间来回奔走。但凡后方有能压住阵、挡住彭越的大将，项羽也不会这么辛苦，更不会如此被动。楚军东线的留守将领挡不住彭越。楚军西线的留守大将就更不是刘邦的对手。

项羽对此也是心知肚明，但他也没有更好的办法，只能希望曹咎能顶住十五天，在他回来之前，千万别出状况，因为担心西线有失，所以他才要在东线速战速决。十五日算上往来行程，项羽要想取胜，至少要有彭城之战时横扫千军的效率跟作风。

项羽引兵东行，日夜兼程，赶回梁楚，随即开始迅疾如雷的反击，楚军又重新找到当年在彭城横扫五十六万诸侯联军的气势，连下陈留、外黄、睢阳等十七城。

彭越当初强夺这些城的时候有多快，现在丢得就有多快。项羽的进兵为何会如此快速，如此顺利。因为彭越压根就没有抵抗，更未守城。彭越是纯粹的游击战术大师，从来不计较一城一地的得失。反正这些城池，当初也不归他所有，现在放弃也不心疼。彭越很清楚保存实力的重要性，特别是当面对项羽这种猛人的时候，必须三十六计走为上计。一旦贪恋城池，固守不走，很容易就被项羽围住，到时可不会有别人来救他。彭越一直以来奉行的都是标准的游击战术，打得过就打，打不过就走。彭越的战术很实际，不走君子路线，才是彭越的风格。

东击彭越　西失成皋——鸿沟之约

彭越当然不会傻到与项羽硬碰硬，那不是勇敢，那是自杀。就算想死，彭越也不希望死于项羽之手，那是相当痛苦的。

看过项羽之前经历的人都懂，项羽这个人发起怒来动辄就是烧杀，再有就是更狠的烹杀。烧杀，是用火烧死。烹杀，是放进铜鼎里煮死。

项羽现在对彭越可谓恨之入骨，恨不得生食其肉，一旦落入项羽之手，彭越的待遇是可以想象的，一定是最高规格、最高待遇——烹杀。彭越可不想被人煮，虽然他最后还是被人做成了肉酱，不过，但凡有选择，彭越也不想被人煮。

项羽人还在路上，彭越就提前"闪人"了。项羽是在赶路，彭越是在逃命。比速度，彭越可能还要更快一些。

项羽随即以闪电般的速度夺回十七城，尽复失地。为何会这么快？因为这些城就不是项羽打下的，而是彭越主动放弃的。项羽只是一路走一路接收，那当然快了。

项羽撤军东归，刘邦又得到一次喘息休整的机会。然而，刘邦也有点承受不住了。整天被这么围着打，换成谁也很难长期坚持。

楚汉战争，最苦的就数刘邦。因为他是亲自顶在一线与项羽正面硬刚的人，从始至终都在正面战场，与项羽直接对阵，承受着项羽一轮又一轮疾风暴雨般的攻势，压力最大，承受的痛苦也最多。其他人如英布、彭越、韩信都分别在南线、东线、北线进行策应，他们面对的对手，相比项羽都很弱，弱到不值一提。

项羽陷入下邑之谋的战略包围网，被来回调动，在战略上陷入极其被动的境地，于是，奇怪的现象出现了，明明是常常打胜仗的项羽，地盘却越打越少；刘邦经常败北，却是越战越强。因为项羽是孤军作战，而刘邦是多线作战，彭越、韩信都在以不同的方式对其进行策应。

项羽虽然经常取得战斗的胜利，却丝毫不轻松，甚至打得很辛苦。被项羽围着打的刘邦当然更难受，但再难受他也得挺着，打到这时，刘邦也实在有点儿挺不住了。坚强如刘邦也萌生退意，不是退隐江湖，而是将防线向后退。刘邦准备放弃成皋、荥阳一线，退守到更西面的巩县、洛阳。他只是想喘口气。

但刘邦的首席外交大臣郦食其极力劝阻，郦食其说："臣闻'知天之天者，王事可成'，王者以民为天，而民以食为天。敖仓，天下转输久矣，臣闻其下乃有藏粟甚多。楚人拔荥阳，而不坚守敖仓，乃引而东，令适卒分守成皋，此乃天所以资汉也。方今楚易取而汉反却，自夺其便，臣窃以为过矣。且两雄不俱立，楚、汉久相持不决，海内摇荡，农夫释耒，工女下机，天下之心未有所定也。愿足下急复进兵，收取荥阳，据敖仓之粟，塞成皋之险，杜太行之道，距蜚狐之口，守白马之津，以示诸侯形制之势，则天下知所归矣。"

仗，打到这个时候，楚汉双方都已筋疲力尽。双方都很辛苦，也都有点儿打不动了。长期的战争，使百姓生活困苦，处于水深火热之中，用郦食其的话说就是"楚、汉久相持不决，海内摇荡，农夫释耒，工女下机"。

但郦食其劝说刘邦，越是困难的时候，越是要咬紧牙关坚持住。我们困难，敌人又何尝不是如此呢？郦食其告诉刘邦，这个时候不仅不能退，反而还要迎难而上，向前进。

刘邦相比项羽最大的优点就是知人善任，虚心纳谏，只要言之有理，刘邦基本能做到从善如流。即使说错，也不会被怪罪。也因为如此，刘邦才能听到真话。大臣们也才敢直言进谏，讲真话。

刘邦反复考虑之后，认为郦食其之言，甚为有理，此时不但不可向西退，还必须向东进。于是，刘邦再度与属下商议如何收复敖仓。

因为欲守荥阳，必先取敖仓，以为根本。郦食其说得很明白，国以民为本，民以食为天。军队亦如是，军中有粮，军心不慌。

此时，韩信已定魏、燕、赵。郦食其主动请缨去游说齐国。

因为齐国已是西楚北面最后一道屏障，齐楚毗邻，从齐入楚甚易。立国淮泗的西楚，地势平坦，水陆交通四通八达，是真正的四战之地。所谓四战之地是说四面都可能是战场。

因为项羽建立的西楚，地处淮泗地区，这里水网纵横，尤其是淮河水系几乎覆盖整个楚国。

古代四渎，江河济淮，以淮河水系最为发达，淮河的支流就有之前提到过的泗水、睢水，还有颍水、汝水，这些河流分布密集，河道纵横交错，在众多河流的冲击下形成黄淮海平原。如此优渥的自然条件，也使淮泗地区成为著名的鱼米之乡，富庶、繁华。楚国丢失江汉平原东迁淮泗，不仅未见衰落，反而比之前更为强盛，也是因为据有淮泗这块宝地。

战争就是打后勤，古代战争因受条件所限，更加依赖自然条件，水运相比陆运，成本效率相差十倍。从前的章邯，如今的刘邦都极度依赖江河水运。章邯的进兵都是依托江河水运，他的进兵路线也紧贴各处河道。刘邦当初之所以能快速进兵，一月之间，转战千里，突袭彭城，靠的也是水路的便捷快速。

项羽的西楚与黄淮平原几乎重叠，淮泗楚地虽是膏腴之地，物阜民丰，但也是典型的易攻难守。与之形成鲜明对比的就是刘邦的大本营关中，关中平原四面都是高山险阻，东西南北各有四道关塞与外界相通，想入关中，只能经此四关，关中因此

东击彭越 西失成皋——鸿沟之约

也称四塞之地，虽不及淮泗繁华富庶，却是典型的易守难攻的理想根据地。

刘邦的大本营关中以及后来定都的长安在此后的千年之中都是汉唐帝都所在。而项羽立都的彭城，此后都只是地方都会，虽然依然繁华，但从未被作为大一统国家的都城，即使是军阀割据时期，也鲜有诸侯以彭城为都。

刘邦可用彭越袭扰项羽后方，可令韩信迂回包抄项羽。但项羽做不到同等反制，因为他攻不进关中。也只有勇悍敢战的项羽，才敢将都城设在无险可守、四面受敌的彭城。项羽最后失败，地势地形上的劣势也是重要原因之一。

韩信即将东征齐国，在他接连大胜、大军压境之下，以军事实力为后盾的游说是极其容易的，说得好听是去游说，说得不好听，那就是抢功。郦食其，一个典型的投机分子，他正是看准了这个时机，才主动申请去齐国。郦食其确实很聪明，可是，他惹了不该惹的人，韩信的军功是能抢的吗？

郦食其凭其三寸不烂之舌，在以往的游说中为刘邦立下不少功劳。可是，这次他打错了算盘。

郦食其几乎是轻而易举就说服了齐王。对这个结果，齐王很满意，郦食其当然更满意。然而，有一个人不满意，且极度不满，这个人就是韩信。

郦食其明目张胆地抢韩信的功是有刘邦在背后撑腰。他在齐王面前巧舌如簧，口若悬河，侃侃而谈，是因为韩信即将兵临城下。说得直白一点，郦食其的嚣张自信，都是在狐假虎威。

齐国听闻韩信即将引兵东下，便派田解将重兵屯于历下以拒汉。及纳郦食其之言，乃罢历下守备，终日与郦食其纵酒为乐。

汉四年（公元前203年）十月，韩信袭破齐历下军，兵进临菑。齐王以郦食其卖己，将之烹杀，然后引兵东走高密，遣使向楚国求救。齐将田横退走博阳，齐相田光败走城阳，将军田既驻军胶东。

韩信已定临菑，东追齐王。项羽派大将龙且率军救齐，楚军对外号称二十万，与齐王合军高密，共同对抗韩信大军。

十一月，齐、楚联军与汉军夹潍水而陈。双方隔河对峙，大战一触即发，有幕僚劝龙且说："汉兵远来，利在急战，其锋不可当。齐、楚自居其地，兵易败散。不如深壁高垒，令齐王使其信臣招所亡城；亡城闻王在，楚来救，必反汉。汉兵二千里客居齐地，齐城皆反，其势无所得食，可不战而胜。"龙且却颇不以为意，说："吾平生素知韩信为人，此人易与耳！曾寄食于漂母，无资身之策；受辱于胯下，无兼人之勇，不足畏也。今番救齐，不战而胜，吾有何功！战而胜之，齐之半可得也。"

东击彭越　西失成皋——鸿沟之约

韩信平魏定赵，威震诸侯，龙且还如此轻敌，他显然未意识到此战对双方的重要性。

韩信是刘邦的大将军，也是刘邦仅有的能独当一面的大将，自与刘邦分兵以来，攻必取，战必胜。伐魏之役，声东击西，一战而定；攻赵之战，背水列阵，以少胜多。

龙且是项羽麾下第一战将，南下征英布，北上战韩信，大战硬仗，皆交龙且；项羽分兵，首选龙且。项羽能将二十万楚军交与龙且，可见其对此人的信任。龙且就是项羽的韩信，当然是超级低配版的。

但龙且辜负了项羽的信任。虽然项羽在正面逼得刘邦步步后撤，然而，战略上却陷入困局，因为下邑之谋开始发挥威力了。

韩信的迂回包抄战略即将成功，对西楚的战略大迂回，开始在魏，高潮在赵，收尾在齐。战略迂回的结束，也是战略侧击、战略反攻的开始。韩信的迂回能否结束，侧击跟反攻能否迅速展开，就看此战的胜负。

韩信与龙且之间即将打响的战斗即是楚汉战争中的潍水之战，不是决战，却胜似决战。因为这场战役的结果，决定了楚汉战争的胜负。

项羽之所以还能苦撑没有崩溃，就在于他在正面战场还能压制住刘邦，而他的后方还没有被真正打穿，后方之前有魏、赵，现在有强齐，至于彭越虽然给项羽制造很多麻烦，却无关大局。但韩信就不同了，他是真能改变战争走向的人。一旦韩信完全占领齐国，下一步必然是大举南下攻楚。彭越只是袭扰，韩信可是来真的。彭越想要的只是魏地，还没有实力占据。而韩信的目标不仅仅是齐国，还有西楚。更重要的是，韩信真的有实力攻占西楚。

项羽的西楚尚未崩盘是因为尚未面对真正的前后夹攻。之前是刘邦在前固守，彭越在后袭扰，项羽要两边往返，但还能应付。一旦韩信战胜龙且，项羽将要面对的是刘邦在前坚守与韩信在后呈席卷之势的反攻。到时项羽就将真正陷入腹背受敌的困局。

大战前夜，韩信令人连夜准备万余布囊，盛满河沙，布于潍水上流；次日，韩信引军主动渡过潍水来战龙且，两军交锋不久，汉军佯装不敌败退。龙且大喜对左右说："固知信怯也！"龙且当即率军紧追。

韩信率军退回对岸，使人决塞壅囊，潍水汹涌而至，龙且军被拦腰斩为两半，后军不得渡。韩信即令汉军返身杀回，围攻龙且及过河之前军。潍水西岸的龙且很快战死，前军溃散，留在东岸的楚军见主将被杀一哄而散。齐王田广见大势已去也

东击彭越　西失成皋——鸿沟之约

赶紧逃跑，却被韩信在成阳俘斩。汉将灌婴追齐相田光至博阳。田横闻齐王死，自立为齐王，并向灌婴发起反击，又被灌婴击败。田横亡走梁地，归附彭越。灌婴进击齐将田吸于千乘，曹参击田既于胶东，皆杀之，尽定齐地。

潍水之战，楚军大败，项羽的败亡已指日可待。

随着楚军的战败、齐国的败亡，项羽的战略形势变得遽然严峻。因为他即将被刘邦与韩信前后夹攻，将被迫面对腹背受敌、两线作战的困局。以项羽目前的实力，他只能挡住一路，如果两路夹攻，项羽的西楚肯定要面临崩溃的危险。

项羽抽调精锐部队交给龙且，就是叫他阻止韩信攻占齐国。只因齐楚相邻，齐国是楚国的战略后方。项羽极力希望避免两线作战，由于龙且的战败，希望也变成失望。

再回到正面战场，项羽在驱逐彭越后，正欲赶回，才得知大司马曹咎兵败自杀，成皋失守。

曹咎奉项羽之命坚守成皋，汉军数次挑战，楚军却固守不出。然后，刘邦使人辱骂数日，曹咎被激怒，也不顾项羽嘱托，兵渡汜水，欲击刘邦，却被刘邦半渡而击。汉军大破楚军，尽得楚国金玉、货赂。楚军大司马曹咎及司马欣自刭汜水上。刘邦引兵渡河，复取成皋，驻军广武，就食敖仓。

只要项羽离开，刘邦能立刻变被动为主动，项羽引兵还，汉军方围钟离眜于荥阳东，听闻项羽将至，尽走险阻，避之唯恐不及，坚壁营垒不肯战。

项羽见此情形亦驻军广武，与刘邦对峙。

因为这些年项羽的目标始终未变，还是紧盯刘邦。刘邦到哪，项羽就跟到哪。除去被迫出差去打那个老也打不死的地鼠彭越，项羽几乎所有的时间都"陪在"刘邦身边。彭越时不时冒头钻出来捣乱，导致项羽与刘邦"相守"的日子，也常常忧心忡忡，总担心后方的粮仓。

两军相持数月，楚军的粮草不多了。这当然是彭越闹的。彭越仗打得不多，但楚军的军粮他是真没少烧。而项羽需要守在刘邦身边没法分身去抓彭越，别人去又抓不住。

军中粮草肉眼可见地减少，项羽深知再这么拖下去，于楚军不利，必须逼迫刘邦出来与自己决战，但刘邦这些年面对项羽基本都是只守不出，项羽当然也知道这一点。

如何逼刘邦出战成为项羽日夜苦思的难题。也不知想了多久，项羽突然灵机一动，有张王牌，他握在手里很久一直未动，现在该是出牌的时候了。

项羽手中的王牌就是在彭城之战中抓获的刘邦家属，其父亲刘老太公，以及妻子吕雉。

一天，项羽在两军对垒的阵前，堆起柴草，立起大鼎，将

东击彭越 西失成皋——鸿沟之约

刘太公架到鼎上,然后告诉刘邦:"今天你要是不下来与我交战,看到没有,我就烹煮太公!"

但项羽未想到的是,刘邦说:"当年咱们俱北面受命怀王,约为兄弟,我的父亲就是你的父亲;如果你一定要烹,不要忘了,到时分我一杯羹!"

项羽顿时恼羞成怒,他想过很多种可能,就是未料到刘邦能说出"分一杯羹"的话术。他处心积虑想出的办法,被刘邦一句话就轻松化解。冲锋陷阵,决战于两军阵前,刘邦不如项羽;精于权谋,玩弄心机,搞政治斗争,项羽不如刘邦。

项羽气得当场就要杀刘太公,一旁的项伯赶忙劝解道:"天下事未可知。且为天下者不顾家,虽杀之,无益也,只益祸耳!"其实项羽只是生气,并不是真的想杀刘太公,因为太公跟吕雉都是他重要的政治筹码,留着才有用,真杀了才是损失。项羽才舍不得杀呢!留着二人,将来还有用。怎么用?当然是谈判的时候用,要不怎么说是政治筹码呢?

此时的项羽已经有了与刘邦讲和谈判的想法,原因很简单,形势对项羽很不利,再打下去只会更糟。潍水之战,精兵猛将损失大半。西楚的外围诸侯都被韩信扫荡殆尽,韩信随时可能南下,项羽面临着腹背受敌的窘境,趁着正面战场表面上还占据着优势,抓紧时间谈判停战是最现实的选择。

如今，时间站在刘邦这边，急的是项羽，因为韩信的战略大迂回大功告成，大反攻即将开始，大军很快就会南下。项羽很清楚，韩信的实力非彭越可比，必须趁韩信大军南下之前，结束正面战场。

项羽想用刘邦的家人逼其就范，可这方面刘邦比他在行。

项羽甚至被逼得说要与刘邦决斗定胜负。他对刘邦说："天下匈匈数岁，徒以吾二人之故。愿与汉王挑战，决一雌雄，以救百姓！"刘邦只是笑笑说："吾宁斗智，不斗力也！"

但项羽依然不肯放弃，一定要将刘邦逼出来。他三令壮士出阵挑战，都被汉军的弓箭手射杀。原来汉军中有一个叫楼烦的弓箭手箭法出众，几乎是百发百中。之前出阵挑战的楚军士兵都被他射杀了。

项羽得知勃然大怒，亲自被甲持戟到阵前挑战。楼烦引弓欲射，只见项羽瞋目横戟，威风凛凛，杀气腾腾，吓得楼烦目不敢视，手不敢发，被项羽的威势彻底镇住，还走入壁，再不敢出阵。刘邦觉得奇怪，派人探查，方知上阵的是项羽本人。刘邦不由得大吃一惊，他想不到项羽为逼他出战，竟然真的披挂上阵。

项羽之所以亲自上阵，是因为接连有三位勇士被敌军射杀，自己要是再不出面振奋军心，很容易影响士气。

东击彭越　西失成皋——鸿沟之约

对方的统帅以极其威武霸气的方式出场,刘邦要是还躲着不出来就显得胆怯了。出于相同的目的,为振奋军心,尽管不情愿冒风险,刘邦还是亲自来到两军阵前来会项羽。殊不知,就是这次会面,差点要了刘邦的老命。于是,项羽与刘邦相邻广武对阵搭话。

项羽还想与刘邦当场决斗。但刘邦不予理会,还趁机当众数落起项羽的罪状:"项羽负约,王我于蜀、汉,罪一;矫杀卿子冠军,罪二;救赵不还报,而擅劫诸侯兵入关,罪三;烧秦宫室,掘始皇帝冢,收私其财,罪四;杀秦降王子婴,罪五;诈坑秦子弟新安二十万,罪六;王诸将善地而徙逐故主,罪七;出逐义帝彭城,自都之,夺韩王地,并王梁、楚,多自予,罪八;使人阴杀义帝江南,罪九;为政不平,王约不信,天下所不容,大逆无道,罪十也。吾以义兵从诸侯诛残贼,使刑余罪人击公,何苦乃与公挑战!"刘邦的行为彻底激怒项羽。

这时,楚军事先布置的伏弩齐发,射中刘邦,而且正中其胸。刘邦急捂伤口退避,口中还不忘高声大喊:"贼匹夫,伤到我的手指了。"不得不说,刘邦的反应极快,应变能力极强。刘邦大喊项羽,你伤到我的手指了,这一声喊,不是说给项羽的,而是说给汉军将士听的。

刘邦在两军阵前被楚军的伏弩射中,这是众人亲眼所见,不好隐瞒，而作为三军统帅的刘邦，他的安危、他的一举一动都牵动着全军上下的心。大家只知道刘邦受伤，但因为弩箭射得很快，看不清也不知道刘邦伤在何处。刘邦这个时候没有办法隐瞒伤情，但又怕因他中箭受伤动摇军心，赶紧说伤的是手指。这么说，既能符合受伤发生的情况，又能稳住军心。在那么仓促紧急的情况下，这已经是刘邦面对突发危急所能做出的最好应对。

事实上，刘邦伤得很重，被抬回去就卧病在床。但张良强行扶起刘邦，坚持请刘邦带伤到军营各处巡视以安抚人心。

刘邦的出色演技加上张良的顾虑周全才度过这场危机骗过项羽。

而项羽在两场对阵中也是奇谋妙计频出，阵前列鼎烹人，与阵前披甲叫阵，目的都只有一个，那就是逼刘邦现身。

前一个未能得逞，因为项羽的做法虽然很流氓，但在这方面刘邦比他还流氓。两个人都是英雄，但身上的江湖气息也都不少。刘邦是用魔法打败魔法，项羽挑战的是刘邦的强项，碰壁也在意料之内，情理之中，刘邦的江湖经验显然要比项羽多。

但后一个项羽差一点就得逞了。要不是刘邦可能身穿护甲，估计也就被射死了。因为第二场项羽是以勇气逼刘邦出现。项羽在两军阵前，要与刘邦决斗，就是要挫刘邦的威风、汉军的锐气。因为他知道刘邦不敢应战，当着两军将士，这多少有点令刘邦难堪。

之后，项羽令勇士挑战，就更是对刘邦进行赤裸裸的羞辱，其目的还是逼刘邦出现。可是，刘邦令神箭手射杀挑战的勇士，还一连射杀三人，这下轮到项羽接招了。项羽如果不做出反击，那也是丢人了。

但项羽做出了令刘邦始料未及的勇敢举动。项羽身披重甲竟然亲自上阵了。

刘邦已经令弓箭手对挑战者做出三次狙杀。这种情况下，项羽还敢亲自上阵，是需要极大勇气的。而项羽不愧是威震四方的西楚霸王，霸气外漏，勇气十足。他冒着被射的危险，也要亲自到两军阵前挑战。

项羽的这一举动必然令楚军士气大长。可以想象，当楚军见到自己的统帅跃马横戟出现在两军阵前的那一刻，必然是欢声雷动，欢呼雀跃。

汉军的弓箭手是有机会放箭的，却吓得目不敢视，手不敢发。很明显，气势上楚军压过汉军，占据上风。

这种情势下，刘邦才不得不出场。可以说，刘邦现身两军阵前，是被项羽硬生生给逼出来的。

而项羽逼刘邦现身，当然也是有目的的，那就是对刘邦进行远程狙杀。既然汉军能狙杀,楚军当然也能。汉军有弓箭手,楚军有伏弩兵。汉军的弓箭手射的是挑战的楚兵,楚军的伏弩兵却是专门准备狙杀刘邦的。要不是刘邦的运气好,护甲足够强,项羽的以身入局逼刘邦现身,再进行远程狙杀的计谋就成了。

项羽想逼刘邦出战,但刘邦执意不肯,即使推出刘太公,刘邦还是坚守不出。这该如何是好?项羽在随后的行动中给出了答案。

阵前亲自披挂上阵挑战,不怕汉军的冷箭不惧危险,是其勇。阵前挑战鼓舞士气振奋军心,以此逼迫刘邦现身,再暗藏伏弩狙杀刘邦,是其智。有勇有谋,智勇双全,这才是真实的项羽。

你可以说项羽腹黑,也可以说项羽奸诈,可这是战争,兵不厌诈,刘邦又何尝不是如此。

项羽距他的目标射杀刘邦只差那么一点点。这一次不仅仅是时间对刘邦有利,连运气也在刘邦这边。

不久之后,潍水之战的消息传到广武前线,楚军战败,龙且被杀,这加重了项羽的焦虑。刘邦却没有意料之中的喜悦,反而愤怒异常,因为韩信在送来捷报的同时,还提出一个小小的要求:封王。

东击彭越　西失成皋——鸿沟之约

韩信的理由是齐国人狡诈难治，不称王，恐怕镇不住，而且还说只要求做假王即可。

刘邦得知韩信的封王请求后，当场发飙："我受困于此，日夜盼望你的救兵，如今刚刚得到齐国，就想自立为王！"刘邦还要大骂时，被张良、陈平接连猛踩几脚，提醒他当着韩信的使者不要暴露情绪。刘邦这才意识到自己的失态，赶紧转变口风，说："大丈夫要做就做真王，当啥假王。"

汉三年（公元前204年），刘邦派张良亲自前往齐国册封韩信为齐王。刘邦应该感到庆幸，正是这个决定，挽救了他的命运。因为现在的韩信确实配得上这个齐王。楚汉战争进行到此时已经进入相当微妙的时期，韩信隐隐成为楚汉双方之外的第三方势力。刘邦封韩信的齐王，是其所封异姓诸侯王中最重要的。即使是政治交换，也是性价比最高的一次交易。

虽然韩信远征之初的军队是刘邦调拨的，但在远征过程中，韩信收降招募到大量的赵、魏等诸侯兵，多次给在荥阳、成皋一线苦战的刘邦补充兵员，刘邦自己也曾亲自闯入韩信大营，直接从其手中夺取军队。要不是韩信的持续输血，刘邦未必能坚持到现在。很快，刘邦就会知道，他封韩信为齐王有多及时，多正确。

因为项羽的使者已经在赶往齐国的路上。项羽是铁血男儿，之前从来都是沙场上定胜负，一向不愿做战国策士纵横家之类的奔走游说的事情。现在，形势所迫，项羽也不得不做从前他不喜欢甚至不屑于做的事儿了。

项羽派使者前往齐国，目的很明确，就是游说韩信在楚汉相争中保持中立，作壁上观。因为他知道，以他之前对韩信的态度，拉拢是不现实的，但劝其保持中立谁也不帮，还是有可能的。做不了盟友不要紧，不做敌人就行。

只要韩信不出手，项羽就还有希望。

楚汉相争，胜负不取决于刘邦，亦不取决于项羽，胜负只在韩信一念之间，韩信拥汉，则汉胜；韩信中立，则胜负尚未可知。

楚使对齐王韩信说："天下苦秦久矣，相与勠力击秦。秦已破，计功割地，分土而王之，以休士卒。今汉王复兴兵而东，侵人之分，夺人之地；已破三秦，引兵出关，收诸侯之兵以东击楚，其意非尽吞天下者不休，其不知厌足如是甚也！

"且汉王不可必，身居项王掌握中数矣，项王怜而活之；然得脱，辄倍约，复击项王，其不可亲信如此。今足下虽自以与汉王为厚交，为之尽力用兵，必终为所禽矣。足下所以得须臾至今者，以项王尚存也。

"当今二王之事，权在足下，足下右投则汉王胜，左投则项

东击彭越　西失成皋——鸿沟之约

王胜。项王今日亡，则次取足下。足下与项王有故，何不反汉与楚连和，参分天下王之！今释此时而自必于汉以击楚，且为智者固若此乎？！"

楚使之言日后果然应验，韩信终为刘邦所擒。项羽死后，韩信也落得一个飞鸟尽，良弓藏，敌国破，谋臣亡的悲惨下场。

韩信并未听进楚使之言，只因他对当年在楚营备受冷落、不被重用的经历始终耿耿于怀。

韩信婉拒道："臣昔日事项王，官不过郎中，位不过执戟；言不听，画不用，故倍楚而归汉。汉王授我上将军印，予我数万众，解衣衣我，推食食我，言听计用，故吾得以至于此。夫人深亲我，我倍之不祥；虽死不易！幸为信谢项王！"

韩信有着士人的共同特点，自尊心很强，很记仇，也很感恩。他记着在项羽那里遭受到的冷遇，也感恩刘邦筑台拜将对他的知遇。项羽此时为他之前对韩信的轻视付出了代价，刘邦也因为当初对韩信的礼遇在这时收到回报。

韩信是在如愿得封齐王之后，才婉拒项羽。倘若刘邦不肯封其为王，以致韩信心怀怨恨，到时即使韩信不会背汉投楚，他只要按兵不动，也是刘邦不能承受之重。刘邦需要借力韩信，才能打败项羽。韩信若真作壁上观，刘邦即使能胜，也必定要付出更大的代价，楚汉战争也必然会旷日持久。

楚使走后,韩信的幕僚谋士蒯通也深知,此时韩信的态度、决定对天下大势的重要性。

蒯通也想劝韩信,拥兵自重,坐观楚汉相争。但因话题过于敏感,不便直言,他便以相人之术旁敲侧击游说韩信。

蒯通对韩信说:"仆相君之面,不过封侯,又危不安;相君之背,贵不可言。"韩信不明所以便问道:"此何谓也?"

蒯通说:"天下初发难之时,忧在亡秦。今楚、汉分争,使天下之人肝胆涂地,父子暴骸骨于中野,不可胜数。楚人起彭城,转斗逐北,乘利席卷,威震天下;然兵困于京、索之间,迫西山而不能进者,三年于此矣。

"汉王将数十万之众,距巩、洛,阻山河之险,一日数战,无尺寸之功,折北不救。此所谓智勇俱困者也。百姓罢极怨望,无所归倚。以臣料之,其势非天下之贤圣固不能息天下之祸。当今两主之命,悬于足下,足下为汉则汉胜,与楚则楚胜。

"诚能听臣之计,莫若两利而俱存之,叁分天下,鼎足而居,其势莫敢先动。夫以足下之贤圣,有甲兵之聚,据强齐,从赵、燕,出空虚之地而制其后,因民之欲,西乡为百姓请命,则天下风走而响应矣,孰敢不听!割大弱强以立诸侯,诸侯已立,天下服听,而归德于齐。案齐之故,有胶、泗之地,深拱揖让,则天下之君王相率而朝于齐矣。盖闻'天与弗取,反受

东击彭越 西失成皋——鸿沟之约

其咎;时至不行,反受其殃'。愿足下熟虑之!"

蒯通之言与楚使大同小异都是劝韩信拥兵自立,与项羽、刘邦成三足鼎立之势,如此可长保平安富贵。

韩信还是念念不忘刘邦对他的知遇之恩,加以婉拒。韩信的所思所想,其实还是战国以来典型的士人思维——知恩图报。士为知己者死,女为悦己者容。

韩信说:"汉王遇我甚厚,吾岂可因利而背义乎!"

蒯通说:"当初常山王张耳、成安君陈馀为布衣时,相与为刎颈之交;后争张黡、陈泽之事,常山王杀成安君泜水之南,头足异处。此二人相与,天下之至欢也,然而卒相禽者,何也?患生于多欲而人心难测也。

"今足下欲行忠信以交于汉王,必不能固于二君之相与也,而事多大于张黡、陈泽者;故臣以为足下必汉王之不危己,亦误矣!大夫种存亡越,霸句践,立功成名而身死亡,野兽尽而猎狗烹。

"夫以交友言之,则不如张耳之与成安君者也;以忠信言之,则不过大夫种之于句践也,此二者足以观矣!愿足下深虑之。

"且臣闻'勇略震主者身危,功盖天下者不赏'。今足下戴震主之威,挟不赏之功,归楚,楚人不信;归汉,汉人震恐。

足下欲持是安归乎？"

蒯通之言，句句在理，字字真言。他已经将利害关系说得如此明白，韩信却仍秉持旧念，他认为自己没有辜负刘邦。日后，刘邦念及他的功劳也不会辜负自己。韩信在这点上有点儿书生意气了。他过于看重感情。政治家讲感情，但更讲利益。

韩信说："先生且休，吾将念之。"

后数日，蒯通再次劝说："夫听者，事之候也；计者，事之机也；听过计失而能久安者鲜矣！故知者，决之断也；疑者，事之害也。审毫厘之小计，遗天下之大数，智诚知之，决弗敢行者，百事之祸也。夫功者，难成而易败；时者，难得而易失也；时乎时，不再来！"

韩信犹豫再三终不肯背汉；又自以功多，不听蒯通之言。蒯通话已出口，而韩信不肯见用，其深知他日必因此遭祸，便假装发狂远遁他乡。

此时诸侯尽数归汉，楚国已陷入孤立包围之中，楚军军粮将尽，而韩信又进兵击楚，令楚军的处境雪上加霜。

楚军腹背受敌，项羽内外交困。

当初，刘邦率诸侯东征突袭彭城，而项羽坚持留在齐国，本意也是要先平齐后救楚，其根本原因就是要避免两线作战。因为项羽很清楚，齐国对于楚国的重要性。

东击彭越 西失成皋——鸿沟之约

在整个楚汉战争期间，齐国都是一个很特别的存在，既不归汉，也不亲楚。项羽威震诸侯，连秦军都闻之胆寒的西楚霸王，齐人却并不感冒。项羽始终未彻底征服齐国。而促成齐楚联合的，居然是韩信的大军。

项羽未能征服的齐国，却被韩信征服。

项羽由此陷入深深的被动。他想回师夺齐救楚，但又不敢轻易撤退，因为刘邦以自己被围攻做代价将项羽绑定在荥阳、成皋一线，使项羽不得抽身。项羽焦急万分，却又分身乏术。

这时，刘邦遣侯公游说项羽请求释放太公。项羽便以此为条件与刘邦展开谈判，经过一番相互试探，达成协议，楚汉相约，中分天下，鸿沟以西归汉，以东归楚。

刘邦主动释放谈判的意向。此时的项羽对谈判简直是迫不及待，因而双方才能迅速谈成鸿沟之约。

九月，楚军放归太公、吕雉。项羽匆忙引兵东归。

十面埋伏 四面楚歌——垓下之战

鸿沟之盟既定，刘邦也打算率军西撤。虽然韩信在北面进军顺利，一路狂飙突进，所向披靡，魏、赵、齐先后被其攻下，战略迂回做得十分成功。但这都是以刘邦在正面苦苦支撑为条件的，刘邦确实拖住了项羽，但也被项羽折磨得苦不堪言，急需休整。

然而，张良、陈平告诉刘邦："汉已有天下大半，而诸侯皆附；如今楚国兵疲食尽，此天亡之时也。如此良机倘若错过，此所谓放虎归山必有后患。"刘邦表示同意，即使满身疲惫，但他还是决定乘势追击，并遣使约齐王韩信与魏相彭越率军南下，围攻项羽。

刘邦为何起初未想追击，又为何在张良、陈平的劝说下改变主意呢？因为刘邦很清楚，靠他自己在战场上是搞不定项羽的。听从两位谋士的劝说，是因为刘邦已经决定会同韩信、彭越共同搞定项羽。

汉五年（公元前202年）十月，刘邦撕毁鸿沟之约追击楚军。此时，项羽率军撤至固陵，刘邦大军也尾随而至。然而，刘邦期待中的韩信、彭越的军队并未出现，楚军随即展开反击，大败汉军。

刘邦再次坚壁自守。整个战争的场景仿佛又回到广武对峙的时候，刘邦对张良说："诸侯不从，如之奈何？"对曰："楚军败亡在即，而二人未有分地，其失期不至也属常理。君王若能与之共有天下，则援兵必可立致。

"齐王韩信之立，非君王本意，韩信亦知；彭越本定梁地，君王以魏王豹之故只拜彭越为相国，今魏豹已死，彭越亦望王位，而君王未能早定。今能取睢阳以北至穀城皆以王彭越，从陈以东傅海与齐王信。韩信家在楚地，其意欲得故邑。诚能出捐此地以许两人，使各自为战，则楚易破也。"刘邦又选择听从张良之言。韩信、彭越果引兵来会。

十一月，刘贾南渡淮河，围困寿春，遣人诱降楚国大司马周殷。之前的大司马曹咎已死于汜水河畔。周殷见楚国大势已去，开城降汉，率九江兵迎英布，随刘贾与大军会合。

项羽在鸿沟之盟后率军东南行而不是东归彭城，大概率是因为此时彭城已失。

项羽杀败刘邦后再次继续率军东撤至垓下。而从项羽的行军路线上推测，从固陵到垓下，他的目的地很可能是寿春。因为彭城在北,垓下在南。垓下远离彭城,更靠近淮河。但因大司马周殷的叛降,寿春项羽也去不得了。

十二月,楚军行至垓下,兵少食尽,与汉军再战不胜,退入壁垒。汉军及诸侯兵围之数重。

项羽夜闻四面楚歌,大惊道:"汉已尽得楚乎?是何楚人之多也?"

此时,楚国大半已被韩信占领,淮河以北楚地尽失,项羽想要退守淮南,却又陷入韩信的十面埋伏。

四面楚歌,十面埋伏。

曾经力拔山兮气盖世的西楚霸王,如今却已穷途末路。

夜深风起,楚歌声声,传遍楚营,昔日骁勇善战的楚军也在阵阵楚歌中趋于崩溃。

声声楚歌,不是刀剑,却胜似刀剑,摧垮楚人心。

军心已乱,难以再战。

项羽饮于帐中,慷慨悲歌:

> 力拔山兮气盖世,
>
> 时不利兮骓不逝。
>
> 骓不逝兮可奈何,
>
> 虞兮虞兮奈若何!

吟罢，项羽已是泪流满面；左右皆泣，莫能仰视。

项羽的宠姬虞姬亦拔剑起舞，以歌相和，凄然唱道：

汉兵已略地，四方楚歌声。
大王意气尽，贱妾何聊生！

唱罢，虞姬横剑自刎，为霸王壮行。

后世有曲《虞兮叹》以纪虞姬：一声虞兮，虞兮泪眼已潸然。与君共饮这杯中冷暖，西风彻夜回忆吹不断。醉里挑灯看剑，妾舞阑珊。垓下一曲离乱，楚歌声四方。含悲辞君，饮剑血落凝寒霜。难舍一段过往，缘尽又何妨。与你魂归之处，便是苍茫。

霸王别姬，千古悲情。只因此一别，即是永诀。

深夜，项羽乘其骏马名骓，率麾下壮士骑从者八百人，趁夜溃围而出，向南而去。

平明，汉军方觉，才知项羽已于昨夜突围而走。骑将灌婴即刻点五千骑兵随后急追。

项羽率八百骑一路疾驰渡过淮河，过河后，检点人马，八百骑仅余百骑。行至阴陵，迷失道路，楚骑向田边老父问路，被骗左行，左边乃是大泽。项羽及麾下百余骑深陷泽中，待项羽率部退出大泽，汉军追兵已近。

项羽继续引兵东撤，至东城时，只有二十八骑相随。而汉骑追者数千，项羽自度今日不得脱，谓其从骑曰："吾起兵至今，八岁矣；身历七十余战，未尝败北，遂霸有天下。然今终困于此，此天之亡我，非战之罪也。今日固当决死一战，愿为诸君快战，必溃围，斩将，刈旗，三胜之，令诸君知天亡我，非战之罪也。"

项羽乃分其二十八骑为四队，四向。汉军随后赶到，围之数重。

项羽谓其从骑曰："吾为公等取彼一将。"令从骑四面驰下，期山之东向为三处。于是，项羽大呼纵马驰下，汉军皆披靡，遂斩汉一将。

当时，郎中骑杨喜在后紧追项羽，被项羽瞋目斥退。杨喜人马俱惊，狂奔数里。项羽与从骑分为三处，汉军不知项羽所在，也分军为三，分别加以包围。

项羽再度奔驰而下，再斩汉一都尉，杀数十百人，一场厮杀过后，与部下会合，仅亡两骑。项羽对部下说："何如？"部下皆服："如大王言！"

于是，项羽欲东渡乌江，此时乌江亭长正泊船以待。见项羽到来,亭长对项羽说:"江东虽小,地方千里,众数十万,亦足称王。愿大王急渡!今独臣有船,汉军至,无以渡。"项羽苦笑:"天之亡我,我何渡为!且籍与八千江东子弟渡江而西,今无一人还;纵使江东父兄怜而王我,我何面目见之!纵彼不言,籍独不愧于心乎!"

项羽以所乘骓马赐亭长,令从骑皆下马步行,持短兵接战。

项羽杀汉军数百人,身亦被十余创。顾见汉骑司马吕马童,高声喊道:"若非吾故人乎?"吕马童闻声细看,指示中郎骑王翳说:"这就是项王!"项羽说:"闻言刘邦以千金买吾之头,封邑万户,我把这个人情留给你吧。"说罢,西楚霸王项羽于乌江岸边自刎而死。王翳取其头,余骑争相抢夺项羽遗体,相杀者数十人。最后,杨喜、吕马童及郎中吕胜、杨武各得其一体;五人皆封列侯。楚地悉定。

十面埋伏,四面楚歌,霸王别姬,自刎乌江。

一代枭雄,西楚霸王项羽就此悲壮落幕。

项羽的死,千百年后依然有人为之感伤惆怅。

南宋女词人李清照为此写道:

生当作人杰,死亦为鬼雄。

至今思项羽,不肯过江东。

中唐诗人杜牧在《题乌江亭》一诗中也表达出对霸王项羽自刎乌江的惋惜之情：

> 胜败兵家事不期，包羞忍耻是男儿。
> 江东子弟多才俊，卷土重来未可知。

事实上，项羽已经不可能卷土重来，他的结局可知。从游说韩信失败，项羽的死就已经注定。

项羽为何至死不肯过江东，因为江东只是他的起兵之地，并非楚国的根本所在。楚国的根本在哪里？在淮河两岸，淮泗之地，那里才是楚国的根本。

淮泗九郡丢失殆尽，西楚国土十之八九已为汉军所据。仅剩江东数郡，只能苦撑一时，与其被俘受辱，不如与敌短兵相接，快战而死。项羽在最后时刻选择以将军的方式有尊严地死去。